novum premium

Christoph Mayerhofer

Das vielfältige Leben des Christoph Mayerhofer

Die Biografie
eines Wiener Bürgers
zur Jahrtausendwende –
in glasklarer Prosa und
beglückender Poesie

novum premium

Bibliografische Information
der Deutschen Nationalbibliothek:

Die Deutsche Nationalbibliothek
verzeichnet diese Publikation in
der Deutschen Nationalbibliografie.
Detaillierte bibliografische Daten
sind im Internet über
http://www.d-nb.de abrufbar.

ISBN 978-3-903861-83-1
Lektorat: Bianca Brenner
Umschlagfotos: Bradleyvdw,
Pixattitude | Dreamstime.com
Umschlaggestaltung, Layout & Satz:
novum Verlag

Gedruckt in der Europäischen Union
auf umweltfreundlichem, chlor- und
säurefrei gebleichtem Papier.

www.novumverlag.com

Inhaltsverzeichnis

Christoph Mayerhofer als Kind dieser Welt

1. Seine Talente

Landesarbeitsamt Salzburg — Abschrift — Datum Februar 1953
Eignungsuntersuchungsstelle

Eignungsgutachten Nr. 28

des(r) **Christoph Mayerhofer** geb. am 10. 3. 1935
Anschrift: Salzburg, Ignaz Harrer-Str. 7

I. Allgemeine Charakteristik (Veranlagung, Wesen und Charakter):

M. ist der einzige Sohn aus einer Akademikerfamilie (Vater: Richter, Mutter: Mittelschulprofessorin), Verlust der Schwester, Zerstörung des eigenen Hauses als Schicksalsschläge in der Kindheit. Gesunder Eindruck. – Das körperlich-seelische Entwicklungsniveau ist dem Alter angepasst, das bisherige Bildungsniveau ist sehr gut, das Anspruchsniveau den ausgezeichneten seelisch-geistigen Fähigkeiten entsprechend sehr hoch. – Persönlichkeits- und Begabungsstruktur sehr erfreulich: Ruhig-heitere Lebensgrundstimmung, sichere und angepasste Reaktivität, optimistische Grundhaltung und initiative Zielverfolgung, hohe sozial-religiöse Gesinnung, Weltoffenheit, aber auch tiefe Erlebnis- und Besinnungsfähigkeit. – Begabungsschwerpunkte: In der Sprach- und Sinnauffassung, in der produktiven Phantasie, in der logisch-klaren Einteilung und in der sprachl.-stilist. Gestaltungskraft.

II. Theoretische Intelligenz	**Praktische Intelligenz**	**Formgebung**
Begriffsbildung: sehr gut Sinnauffassung: sehr gut Mathemat. Begabung gut Raumvorstellung: schwach- mittel	Prakt. Zielkombination: sehr gut Prakt. Techn. Kombination: mittel Prakt. Kombinatorik in Fläche und Raum: schwach- mittel	Sprachgefühl u.-ausdruck ausgezeichnet Produkt. Phantasie: sehr gut Handwerkl. Formgebung: mittel Zeichnerisch: schwach- mittel

III. Arbeitseinstellung	**Arbeitsweise**	**Arbeitsdisziplin**
Leistungsehrgeiz Selbständigkeit, sehr vom Interesse und wenig von Nützlichkeitserwägung geleitet, Weltanschaulich-religiöse Fundierung des Leistungswillens.	Im Theoret. insbes. im Sprachlichen: flott, geschickt, flüssig und sicher. Genauigkeit und Vorsicht sind nicht ausgeprägt. Im Praktischen: nicht „In seinem Element“	Gute Konzentration und willentl. Steuerung bei seinen Leistungen. Die impulsive Zielverfolgung lässt ihm oft nicht Zeit zur zähen Kleinarbeit.

IV. Berufsneigung	**Berufshinweise**	**Erziehungshinweise**
Rechtsanwalt Schauspieler Musiker Physiker	Berufe der Menschenführung entweder in künstlerischer Regie in rechtlich-ethischer oder in religiös-weltanschaulicher Hinsicht.	-------------

V. Ergänzungen zum Verständnis obiger Feststellungen und Erfolgsprognose siehe auch Rückseite!

Bitte wenden!

Gez. Dr. Treml

Ergänzungen zum Gutachten auf Grund eingehender Analyse:

Bezeichnend ist die tatkräftige Impulsivität und Initiative M's, seine freundlich-aufgeweckte Frische, sein offenes Wesen, aber auch seine tief-religiöse Erlebnisfähigkeit werden ihn Zeit seines Lebens ebenso charakterisieren wie sein Führungs- und sprachliches Gestaltungstalent. Sein hohes ethisches Anspruchsniveau gepaart mit seinen ausgesprochen guten organisatorischen, kombinatorischen und sprachlichen Ausdrucksfähigkeiten prädestinieren ihn ja geradezu zum Menschenführer. Wenn Politik nicht heute so einen schlechten Klang hätte, müsste man sie ihm als adäquates Berufsziel hinstellen, so ist aber kaum viel Begeisterung von ihm dafür zu erwarten, wenngleich rein sachlich gesehen gute Staatsführer unserem lieben Österreich sehr zu wünschen wären.

Beachtenswert ist, dass er trotz seines Gott sei Dank noch kindlichen Gemütes, das noch gerne fabuliert und phantasiert, sich noch gern in ferne Länder und Leute hineinträumt und in eine phantastische Zauberwelt versetzen kann, die reale Wirklichkeit akzeptiert und sich ihr gewachsen fühlt. Wenn man zu dieser regen Phantasietätigkeit, die oft recht originell und aufheiternd-belustigend wirkt, noch seine spr. Gestaltungskraft und seinen gewissen Mangel an visueller Begabung, also an sicherer Flächen-, Form- und Raumgliederung in Betracht zieht, kommt man fast notwendig auf die künstlerische Begabung im nicht-visuellen Bereich, im Schauspielerischen oder Musikalischen. Leistungsproben auf diesen Gebieten müssten allerdings diese psychologischen Schlüsse bestätigen. Bekräftigt wird diese Annahme auch durch seine entsprechenden Interessen an Theater, Musik, Konzerten …

Aber auch auf künstlerischem Gebiet würde ihn viel eher der Regisseur oder Theaterdirektor erfüllen als der Musiker oder Schauspieler. Künstler allein wird ihn nicht befriedigen.

Interessant und nicht zu übersehen ist es auch, dass sich seine Helden, mit denen er sich im Test unbewusst identifiziert, sehr von Mitleid und anständigen Motiven leiten lassen und in der von ihm entwickelten Dramatik letztlich zum Guten entscheiden. Fast alle Schilderungen nehmen einen glücklichen Ausgang. Zu Tragödien kommt es nie aus Absicht, sondern immer aus Irrtümern und menschl. Unzulänglichkeiten. Daraus spricht der unerschütterliche Optimismus und der tiefe Glaube an das Menschentum. Die lustige Komik, die er dort und da einstreut, bekräftigen sein äusserst gutes menschliches Verständnis und seinen weiten Erlebnishorizont: Heiterkeit, Humor, aber auch Ernst und Tiefe. Gefühle und Gesinnungen geben ihm die Hauptantriebe und werden in seinen Entschlüssen immer den Ausschlag geben und nur selten oder nie kalte Berechnung oder rein nützliche Überlegung. Auffallend ist jedoch bei all seiner Originalität der Phantasie und dem reich differenzierten Erleben seine Denkdisziplin, sein Ordnungsbewusstsein im Denken, Sprechen und Folgern. Seine echt teilnehmende, leicht ansprechbare, begeisterungsfähige, aber auch empfindsame Seele wird immer auch von einem klar gliedernden und kritisch urteilenden Verstand begleitet und von einem gut steuernden Willen geführt.

Nach all dem Gesagten wird klar, dass er sich auf der Hochschule einer möglichst breiten Grundausbildung unterziehen soll, die ihn befähigt, den Menschen und der Gesellschaft ein verantwortungsbewusster Führer zu sein. Technik und Naturwissenschaften scheiden wohl aus, die Wahl wird ihm immer noch schwer genug werden, weil die echten künstlerischen Ambitionen, seine weltanschauliche Einstellung, sein organisatorisches Führungstalent, sein tiefes Menschenverständnis, aber auch die etwas nüchterne Realitätsberücksichtigung in der Entscheidung mitspielen werden.

Der Maturantenberater

Fische-Mann

Unter der ruhigen und glatten Oberfläche eines Sees verbirgt sich eine bewegte und vielseitige, eigenständige Welt. Nichts bezeichnet das Wesen des Fisches deutlicher als dieser Vergleich. Nach außen hin ruhig und besonnen, ist er ein Mann, der eine scheinbar unerschöpfliche Seelenwelt in sich hat. Er ist ein Garant der Gefühle. Er besitzt eine Intuition, die oft über das menschlich Faßbare hinausgeht. Gelingt es Ihnen, diese äußere Schale der Gelassenheit zu durchdringen, so stoßen Sie bei ihm auf Gefühle und auf eine erotische Feinfühligkeit, die Ihnen bis dahin unbekannt waren. Darauf werden Sie weiterhin wahrscheinlich nicht mehr verzichten wollen. Sie sollten bleiben, denn was Ihnen der Fische-Mann an unausgesprochener Treue entgegenbringt, sucht seinesgleichen. Im Beruf ist er das, was man eine graue Eminenz nennt. Wenn vorn die Räder des hektischen Alltags rattern, arbeitet im Hintergrund in aller Stille der Fisch seine Gedanken und seine weitsichtigen Überlegungen aus. Und es kommt mehr als einmal vor, dass er in wenigen Augenblicken gefühlsmäßig das fertigstellt, wofür andere tagelang ihre Logik vergeblich bemüht haben. Fühlen und Denken, das ist bei ihm ein und dasselbe.

PARTNERSCHAFTEN

Wenn Sie einen Menschen treffen, der sagt: „Ich will kein Millionär sein, ich will nur wie einer leben", dann haben Sie einen Fisch vor sich. Der Fisch schert sich wenig um materielle Güter. Umso mehr bevorzugt er eine Lebensart, die ihm das Ausleben seiner Gefühle und Neigungen garantiert. Der Charme des Fisches ist beeindruckend. Vorschriften sind ihm gleichgültig, solange sie ihm nicht die Freiheit nehmen, seinen Träumen nachzuhängen Aus diesem Grund kommen Fische auch recht selten mit Jungfrauen und Stieren in Berührung. Der Fisch ist nicht nur sanft und mild. Einmal wachgerüttelt, kann er eine ätzende Ironie verbreiten. Die Überbetonung der Gefühlswelt macht den Fisch zum besten Partner für den Krebs und für den Skorpion. Dem Skorpion wird er sich unterordnen, und mit dem Krebs geht er eine harmonische Verbindung ein. Die Begeisterung für neue Ideen bringt den Fisch den Schützen und den Zwillingen näher. Der Löwe und der Steinbock werden ihn einige Zeit faszinieren, doch werden sie ihm auf die Dauer zu anstrengend. Ebenso ergeht es ihm mit der feurigen Kraft des Widders. Waage und Wassermann bieten ihm viele Gegensätze, so dass er sich angezogen fühlt. Da Fische keine Poltergeister sind, können sie verständnisvoll mit Vertretern ihres eigenen Sternzeichens leben. Denn verstehen muss man den Fisch, sonst verschwindet er leise in die Tiefe seiner Gefühle.

2. Seine Entwicklung

Gott, der dieses Menschenkind schuf, legte ihm viele Gaben in seinen kleinen Körper, besonders aber eine weite und sehr empfindsame Seele. Geistige Genüsse stellte ich fortan immer über körperliche.

Noch bevor ich zur Schule ging, verführte ich unser Pflichtjahrmädchen dazu, mich mit dem Pracker auf den nackten Popo zu schlagen. Und ich brach darüber in Tränen des Glücks aus, dass ich das große Mädchen zu etwas Verbotenem verführen hatte können! Ich hatte keine blasse Ahnung, was „Sex" denn überhaupt war. Ich hatte auch kein Wort dafür in meinem Sprachschatz. Bei meiner ersten Ejakulation allein im Bett war ich ahnungslos erstaunt. Der um Aufklärung ersuchte Vater war nur interessiert, dass ich nun nicht ständig masturbierte, denn das sei schlichtweg ungesund.

Burschen wollten mit mir ständig nur raufen und so spielte ich lieber mit Mädchen, denn die ließen sich von mir kitzeln. Na das war doch was Schönes! Das führte zum Lachen und Lustigsein. Freilich war es triebhaft. Aber auch die Erwachsenen hielten das nicht für etwas Verbotenes, ich konnte mich also ungeniert so weit austoben, als das Mädchen es zuließ.

In den folgenden Jahren der Pubertät mied ich die Mädchen ohne mir ersichtlichen Grund.

Als ich da durch war und Mädchen wieder begehrte, war alles, aber auch alles Körperlich-Sinnliche eine Sünde gegen die Keuschheit. Ich diskutierte mit gleichaltrigen Studenten ernsthaft, ob das Küssen jedenfalls schon sündhaft sei!

Ab meinem 11. Geburtstag hatte ich eine „Geliebte", die mir schriftlich ewige Freundschaft zusicherte, und diese Freundschaft zwischen einer Münchnerin und mir in Wien hat bis heute gehalten. Doch wollte keiner seine Heimat verlassen. Auf Grund meiner Standhaftigkeit gegenüber den erwachenden Trieben haben mich Mädchen als „Spinner“ stehen lassen. Und gemäß der katholischen Irrlehre hatte ich mit meiner späteren Frau den ersten Geschlechtsverkehr in der Nacht nach der kirchlichen, katholischen Hochzeit (schon müde und erschöpft).

Jetzt endlich war die Kindheit aus.

3. Seine Aufklärung

Der herzige kleine Christoph ist bei seinen ihn liebevoll pflegenden Eltern aufgewachsen.

Der große Weltkrieg hat das Stadtkind zu einem Landkind gemacht, und das hat es genossen.

Wie gut ist doch der liebe Gott, der die Welt so schön geschaffen hat. Die Wälder, die Wiesen, die Bergriesen, die Seen, die Bäche mit den Wasserfällen. Und gar die vielen schönen Tiere, und überhaupt alle Lebewesen. Schließlich die Sonne, die Sterne und der Mond! Weißt du eigentlich, wo Gott wohnt? Die Bibel habe ich für ein reichhaltiges G'schichterlbuch gehalten.

Ja, im Wesentlichen stimmt das sogar, wie es da steht. Ich bin gern in die Kirche gegangen. Ich hatte immer schon viel übrig fürs Theater. Beim Krippenspiel bin ich sogar als Hirte aufgetreten.

Die Bibel lehrt, Gott liebt die von ihm gemachten Menschen. Also liebe ich Ihn auch. Eine Sünde ist eine Tat, die Gott missfällt und die Ihn kränkt. Also sowas Undankbares wollte ich von Herzen vermeiden. Während die Kirche mit der Wollust des Teufels reichlich übertrieben hat, war mir das so völlig egal. Dass Eltern Kinder haben, das war klar, dass sie diese auch selbst machen können, war mir lange unbekannt. Da war doch was mit dem Storch oder so? Doch es war mir klar, dass ich als Mann einmal eine Frau brauchen würde, weil sie so liebe Wesen sind. Zu meinem 11. Geburtstag schrieb mir die zwölfjährige Erika auf einen Zettel: „Wir wollen Freunde bleiben, fürs ganze Leben".

Damit war für mich das Problem abgehakt. Allein, die kindliche Naivität ist lange nicht verblasst.

Mit 12 Jahren hatte ich meine erste Ejakulation, ganz von allein – ohne mein Zutun. Überrascht lief ich zu meinem Vater: „Du, das war kein Lulu, es hatte keinen Geruch und hat auch nach nichts geschmeckt." Mein Vater, vielleicht ein auch nicht aufgeklärter Mann, meinte: „Hüte dich davor, das könnte deine

Gesundheit schwächen. Mitunter gehen da Zellen ab.“ So stand ich weiter fassungslos davor. Es wiederholte sich und war ganz angenehm. Niemand hat mich jemals aufgeklärt.

Ich habe mir alles selbst zusammengereimt. Mein Problem war immer noch, ich fand bei keiner Frau ein Loch, durch das ein Baby hätte kriechen können. Als Landkind konnte ich jetzt sehen, wie das bei den Haustieren zuging. Bei der Kuh, die auch kein großes Arschloch hat, kommt das Kalberl gerade dort zur Welt. Also muss es mit dem kleinen Kopferl eines Babys ähnlich gehen. Damit war ich der Wahrheit schon ziemlich nah.

Gleich nach der Matura, also mit 18 Jahren, hat man mich in *die* Schauspielschule, das Max Reinhardt Seminar, aufgenommen. Alle meine „Theater-Spiel-Kameraden“ waren begeisterte Künstler, gebannt von all den Werken unserer Hochkultur. Und sie waren so sensible Menschen, empfänglich für jedes liebe Wort. Niemals war ich beim Studium so glücklich wie gerade dort. Und die vielen schönen Mädchen waren auch für Intimitäten zu haben. Sie wollten alle was erleben! Manche versuchten auch mich zu verführen, aber ganz ohne Erfolg. Das mir aufgesetzte Weltbild sprach:

Lass dich mit einem Mädchen nur dann ein, wenn es deine Frau fürs ganze Leben sein soll.

Jede Trennung bringt viele Tränen und etwas in dir wird zerstört! Nein, fürs ganze Leben wollte ich keines dieser Mädchen haben! Außerdem hatte ich doch vorgesorgt, die Erika – Sie wissen schon.

Die Erika hat mich schließlich nicht genommen, aber eine andere Studentin hat eine schöne, bis zu ihrem Tod andauernde Ehe mit mir geschlossen. Doch inzwischen war ich doch schon aufgeklärt!

Christoph Mayerhofer als katholischer Christ, der sich gedrängt fühlt, Gott auch für die Gabe der Wollust zu danken

Ich bin von meinen Eltern katholisch erzogen worden und bisweilen auch unter der Woche zur Hl. Messe gegangen. Erst als Student wurde ich von Mauer und Klostermann überzeugt, dass man als Christ eine Gemeinde braucht. So bin ich der Katholischen Hochschuljugend beigetreten. Als Assistent des Wiener Strafrechtsprofessors Graßberger wurde ich von dem damaligen Seelsorger des Katholischen Akademikerverbandes darauf angesprochen, einen Arbeitskreis zur Erörterung von Fragen der Strafrechtsreform einzurichten und zu leiten. Dem habe ich entsprochen. Das Ergebnis des Arbeitskreises wurde dem Präsidium der Katholischen Aktion Österreichs vorgelegt. Das Ergebnis weiterer Beratungen wurde der Bischofskonferenz vorgelegt. Diese hat von jeder Diözese zwei Fachleute in ein Beratungsgremium gebeten, darunter auch mich. Schließlich hat die Bischofskonferenz mich dem Bundesminister Dr. Broda als Gesprächspartner benannt. Dr. Broda hat es vorerst abgelehnt, sich mit einem jungen Bezirksrichter zusammenzusetzen. Er vermutete offenbar, das Anliegen der Kirche würde diese selbst nicht für sehr wichtig halten. Daraufhin hat die Bischofskonferenz ihren für Anliegen von „Kirche und Gesellschaft" zuständigen Referatsbischof Dr. Kostelecky als Unterhändler entsandt. Dieser wurde nur vom zuständigen Sektionschef Dr. Serini empfangen. Ihm erklärte der Bischof, er wolle im Namen der Bischofskonferenz alle bisherigen Anliegen zurückstellen, wenn es nur gelänge, den Umfang der Bestrafung der Abtreibung im bisherigen Umfang aufrechtzuerhalten. Das war ein aussichtsloses Begehren, weil der Parteitag der SPÖ in Villach das Gegenteil gefordert hatte. Auch die Abgeordneten der SPÖ zum Parlament hatten sich diesbezüglich schon abgesprochen. Der einzige nicht unbeachtliche Erfolg aller Bemühungen war, dass in die öffentliche Meinung die Gewissheit eindrang, dass für die Bischöfe der Embryo so schutzwürdig wie ein geborenes Kind ist.

Ich war inzwischen in der zwanzigjährigen Reformdebatte zum Strafrecht in der katholischen Laienbewegung vom Präsidenten des Akademikerverbandes zum Vizepräsidenten der Katholischen Aktion und zum Vorsitzenden des Laienrates aufgestiegen. Ich hatte im Laienapostolat zwar niemanden zum Glauben bekehrt, aber doch manche von einem übereilten Austritt aus der katholischen Kirche mit der Begründung abgehalten, eine gelungene Reform würde der Menschheit eher nützen.

Im Österreichischen Synodalen Vorgang, der die Beschlüsse des Zweiten Vatikanischen Konzils in den Diözesen wirksam werden lassen sollte, wurde mir in der langen Phase der gründlichen Beratungen vor einer Abstimmung der Vorsitz der Kurie „Gesellschaft und Kirche“ aufgedrängt. Die ausschließlich von den Bischöfen ernannten, also vorgesiebten Kandidaten haben unter meiner Führung sehr fruchtbringend diskutiert, und die Bischöfe haben selbst mitgetan! Und zur allergrößten Freude (gerade auch der Bischöfe) wurden verfehlte Vorurteile gegeneinander revidiert. Die Laien waren friedlicher als die Priester an der Front in den Pfarren, und die Bischöfe sahen ehrlich um die Anliegen besorgte Menschen einmal in ihrem Nahbereich. Ich erinnere mich an einen als ultrakonservativ verschrienen Bischof, der unter dem Eindruck der einmütigen Gemeinschaft bei einem Entschluss mitgestimmt hat, was keiner für möglich gehalten hätte. Später hat er sich dann doch wieder distanziert. 1975 wurde über alle Texte in einem Plenum mit satten Mehrheiten abgestimmt. Und das hat schon was gebracht. Zur Kontrolle wurde ein Beschluss gefasst, alle fünf Jahre einen Bericht über die gesellschaftliche Wirksamkeit der Kirche in Österreich zu verfassen. Den ersten Bericht habe ich gemeinsam mit dem Politologen Univ.-Prof. Dr. Heinrich Schneider erstellt. Die Bischöfe haben sehr freundlich gedankt und diesen Bericht bei ihrem wiederkehrenden Besuch im Vatikan (Ad-limina-Besuch) mitgenommen. Das war die letzte freundliche Geste mir gegenüber. Dann sind die Laien insgesamt in Ungnade gefallen. Die folgende traurige Periode erstreckt sich bis in die heutige Zeit. Die Gläubigen sind zuletzt in Scharen aus der Kirche ausgetreten.

Die Lehren aus der Hinrichtung Christi nach den Kriterien der heutigen Strafrechtswissenschaft

Ich gehe von folgendem Sachverhalt aus: Der jüdische Wanderprediger Jesus wurde hingerichtet, weil er öffentlich behauptet hat, der Sohn Gottes zu sein. Die Anklage lautete, er habe den Glauben an einen einzigen Gott in Frage gestellt. Für diese Beleidigung des wahren Gottes war nach damaliger Auffassung die Todesstrafe angemessen.

Die Behauptung, der Sohn Gottes zu sein, war aus christlicher Sicht zutreffend, der Ein-Gott-Glaube wurde dadurch nicht in Frage gestellt. Der Irrtum der Juden war entschuldbar, weil die angebliche Dreifaltigkeit Gottes unbekannt war.

Hingegen ist die Frage, ob die Hinrichtung rechtswidrig war, aus heutiger Sicht zu bejahen. Mangels eines damals nicht erforderlichen Tatbestandes war nach dem Rechtsgut zu fragen, das geschützt werden sollte. Gott bedarf freilich keines staatlichen Schutzes. In Frage käme der Schutz des Glaubens einer geschlossenen Gesellschaft. Wird die Existenz eines Gottes in einer staatlichen Gesellschaft überhaupt in Frage gestellt, ist ein Glaubensschutz überflüssig. Eine Beleidigung des Glaubens der Mitbürger war jedoch schon damals eher zweifelhaft. Jedenfalls war die Todesstrafe nicht angemessen. Überdies waren damals mehrere „Söhne Gottes" unterwegs, ohne dass es zu öffentlicher Erregung gekommen wäre. Das Recht auf Meinungsfreiheit war in der Geschichte des Volkes Israel und im christlichen Mittelalter freilich völlig unbekannt. Der Großinquisitor hat von einem Recht auf freie Meinungsäußerung überhaupt nichts gehalten. Im Mittelalter war das Recht auf Tötung von Ketzern, Hexen und dergleichen Gesindel durchaus gottgefällig. Der Kreuzestod Christi mahnt uns gerade heute zur Toleranz gegen ungern gehörte Meinungen. Auch im heute geltenden Strafrecht sind Beschimpfungen, das ist die Herabwürdigung von Personen bloß durch Äußerungen, weiter strafbar. Die bloß abschätzige Bewertung von Tatsachen ist hingegen straflos.

Die auch rechtlich verfehlte Verurteilung Christi ist für die Menschheit ein Mahnmal, niemanden bloß für die Äußerung seiner Meinung zu bestrafen. Das bei uns erst reichlich verspätete Grundrecht auf Meinungsfreiheit als ein verbrieftes Menschenrecht gibt Antwort auf verschiedenen Gebieten. Wir sind da noch nicht ganz sattelfest. Zwei Beispiele aus der gängigen Tagespolitik.

1. Zur Strafbarkeit von Abtreibung (Biden gegen die US-Bischofskonferenz)
   Die katholische Kirche lehrt, Gott gibt Leben und nimmt es am Ende zu sich zurück. Wir geborenen Menschen sollten Gott da nicht dreinpfuschen. Viele unserer Mitbürger glauben aber nicht an die Existenz eines Gottes. Unter diesen sind viele, die dennoch unser höchstes Gut – das menschliche Leben – durch ein staatliches Strafgesetz geschützt sehen wollen. Bei der Abtreibung geht es vorerst um die Frage, wie der Rechtsbegriff „Mensch" zu definieren sei. Das gezeugte menschliche Wesen mit der Potenz, ein Mensch zu werden, muss nicht schlechthin schon ein Mensch sein. Weder die Biologie noch die Theologie können darauf eine überzeugende Antwort liefern. So darf auch das Strafrecht keine für alle Mitbürger verbindliche Entscheidung treffen. Glauben Sie denn wirklich, dass die Frauen durch die Androhung einer angemessenen Strafe ihre Lebensgestaltung umplanen werden? Wie viele Verurteilungen hat es denn in den letzten Jahren wirklich gegeben? Sehen Sie denn nicht, dass das Strafrecht in die persönliche Entscheidung so weit eingreifende Fragen nicht für alle verbindlich regulieren kann? Unter dem Schutz des Kreuzes wird sich mit reinem Herzen eine Lösung finden lassen.

2. Zur Eheschließung von Homosexuellen
   Allmählich hat sich die wissenschaftliche Erkenntnis durchgesetzt, dass die Homosexualität auf einer Veranlagung beruht. Auch im Tierreich kennt das die Natur. Sie kann in sich nicht widersprüchlich sein. So können auch solche

Seelen den Wunsch hegen, sich zu vermählen, um einander vor der Welt zu versprechen, gemeinsam durch das Leben zu gehen. Warum auch nicht? Es spießt sich wieder an der Begrifflichkeit. Für die katholische Kirche gehört der Kinderwunsch begrifflich essenziell zur Ehe. Bekennt ein heterosexuelles Paar anlässlich der Eheschließung, den Kinderwunsch ausdrücklich abgelehnt zu haben, kann die Ehe von einem kirchlichen Gericht ab ovo für nichtig erklärt werden. Somit kann ein homosexuelles Paar das Sakrament der Eheschließung nicht empfangen. Gibt es bei diesem Definitionsproblem wirklich gar keine befriedigende Lösung? Vertragen wir uns doch unter dem mahnenden Kreuz Christi!

Welche Vorschriften der Moral sind der Menschheit nicht (mehr) zuzumuten und wo fehlt die Kirche?

Wir stehen mitten im Prozess des massenhaften Abfalls von der christlichen Kultur des Abendlandes.

Die andauernden massenhaften Austritte aus der katholischen Kirche haben ihre Glaubwürdigkeit arg ins Wanken gebracht. Als gläubiger Katholik suche ich Wegweisungen in der Bibel. Da finde ich zwei Gleichnisse, die sich auf Verwalter beziehen: Einmal auf den unredlichen, aber pfiffigen Kerl, der es versteht, sich unrechtmäßig Freunde für seine düstere Zukunft zu verschaffen. Das Ergebnis seiner Tätigkeit ist keineswegs zu loben, aber seine raffinierte Methode soll auch den Kindern des Lichtes imponieren. Christus wendet sich gegen die bloße Resignation. Das andere Gleichnis spricht von einem Verwalter, der im Unterschied zu seinen aktiven Berufskollegen das ihm übergebene Talent vergraben hat, statt einen Gewinn zu erzielen. Er hat aus Ängstlichkeit seine Chancen vertan, Gottes Schöpfung durch „Wertschöpfung" zu bereichern. Wir haben uns daran gewöhnt, unsere Sünden in verfehlten Handlungen zu suchen. Aber gerade Unterlassungen können schwere Sünde sein!

Gott hat Seine Schöpfung in unsere Hände gelegt: „Macht Euch die Erde untertan". Und die Menschen haben die Erde seit jeher erforscht und dadurch auch bereichert. Die Erfindung ist zumeist wertneutral. Die Moral betrifft erst die Frage, was man damit anfängt. Heute stehen wir an einer Wende, die uns erkennen lässt, dass wir durch die Schädigung der Erde ihren Untergang beschleunigen können. Die Schädigung der Schöpfung wäre ein wichtiges Thema der Moral im Beichtstuhl. Resignation ist nicht nur in den Gleichnissen, sondern auch in unserem Leben die schlechteste Antwort auf die anstehenden Probleme. Die Kirchengebäude zu verkaufen und zu verschenken ist bloß Resignation.

Lassen Sie mich meine Ausführungen auf die Probleme beschränken, die die Kirche heute nicht im Sinne ihrer stärksten Kritiker gelöst hat. Historisch am auffallendsten war das Verbot der Pille. Wir haben mit der Regelung der Fruchtbarkeit nicht in Gottes Schöpfung hineingepfuscht, sondern das Leben der Frauen lebbarer gemacht. Endlich sind die Zahlen der vielen Morde an noch ungeborenen Kindern gesunken!

Unterschwellig, aber noch viel weitreichender war die Verteufelung der Wollust als unmoralische „Fleischeslust", und zwar durch Jahrhunderte abendländischer Kultur. Die sexuelle Lust ist eine Gottesgabe, für die wir Menschen zu danken haben. Die Moral betrifft erst die Frage, was wir mit dieser Gabe anfangen!

Heute divergiert in unserer Gesellschaft das tatsächliche Paarungsverhalten der Menschen immer mehr vom sakramentalen Verständnis der Ehe. De facto wird ein Großteil unserer gläubigen Mitbürger von der Kirche – der Theorie nach – ausgeschlossen. Wenn selbst ein konsekutiv gelebtes zweites Eheleben durch die neue geschlechtliche Begegnung schwer sündhaft ist und wohl auch gar nicht bereut werden kann, ist selbst eine Beichte ausgeschlossen. Welcher Mann lebt heute noch sein ganzes Leben nur mit einer Frau zusammen? Damit bleibt theoretisch einem Großteil der gläubigen Menschen der Zugang zu den Sakramenten verschlossen. Sie werden vielleicht einwenden, die Kirche habe dieses Problem seelsorglich gelöst. Wer will dennoch einer Kirche angehören, die so etwas Liebloses lehrt? Mein liebevolles Verhalten zu meinem erwählten Partner soll täglich wirklich Sünde sein? Das ist leider kein Randproblem einer vom Heiligen Geist geführten Kirche. Schon der hl. Petrus hat Christus auf die Unlebbarkeit eines edlen Gedankens hingewiesen. Christus erwiderte: „Wer es fassen kann, der fasse es." Das heißt, wer dem Ideal nicht nachkommen kann, wird deshalb nicht ins ewige Feuer geworfen. „Richtet nicht, damit ihr nicht gerichtet werdet." Gottes hingebungsvolle Liebe, die jedem verlorenen Schaf nachgeht, erlöst gerade die Sünder. Mit dem Sakrament der Beichte wird jedem Sünder ein

Neuanfang ermöglicht, das gehört zur Verheißung der „frohen Botschaft" des Evangeliums. Der sündhafte Partner kann nicht dafür Verzeihung erlangen, dass er auch noch die zweite Partnerin im Stich lässt! In der Interpretation der katholischen Schriftgelehrten kann da etwas nicht stimmen. Trifft etwa da zölibatär lebende Männer die Schuld? Die Resignation ist auch hier nicht gottgefällig. Die Kirche schweigt dazu, weil sie sich schämt. Sie verfehlt damit aber ihre Stellung als Hirte der Gemeinde. Die Kirche hätte noch Autorität, auf wen sollte man denn sonst blicken?

Verzeiht mir meinen Stich ins Wespennest!

Siehe auch dieselben Gedanken in der Form von Gedichten in meinem Buch „Ja, da freut sich mein Gemüt" im Abschnitt „Religion", Seite 7 ff.

Christoph Mayerhofer als Philosoph über Recht und Gerechtigkeit

www.laienrat.at/_alte_website/recht_und_schuld.htm

RECHT UND GERECHTIGKEIT
unter dem Aspekt der Hoffnung
von
Prof. Dr. Christoph Mayerhofer, Generalanwalt

I. AUSGANG

1. Begriffe

Unter ***Recht*** versteht man einerseits das Gesetz (das Strafrecht) und andererseits die Gerechtigkeit (das Recht ist auf meiner Seite). „Recht" ist kein Überbegriff, sondern ein Synonym für Verschiedenes, das wohl miteinander zu tun hat, aber nicht immer zusammenhängt, und daraus ergibt sich das Dilemma, das heute Gegenstand meiner Überlegungen sein soll.

Unter ***Gesetz*** verstehe ich menschliche Verhaltensregeln mit dem Anspruch auf Befolgung. Ich möchte unter „Gesetz" keineswegs nur das staatliche oder das kirchliche Gesetz verstanden wissen, sondern jede Verhaltensregelung, mag sie nun von einer größeren oder kleineren Gemeinschaft getragen sein, mag es sich um Ordnungsregeln oder Statuten und Geschäftsordnungen handeln, um weidmännische Jagdregeln, mag es sich um aufgezwungene Ordnungsvorstellungen oder solche handeln, denen ich mich freiwillig unterwerfe, mögen die Motive dieser Regelungen in religiösen Anschauungen zu suchen sein oder im bonum commune, in Sitte, Tradition oder in dem Bedürfnis nach gerechter Ordnung menschlichen Zusammenlebens, ja selbst die Regeln der Künste und Wissenschaften sind solche Gesetze, wenn sie menschliches Handeln binden wollen.

Die Sanktion muss nicht in der Hand des Staates liegen, sie kann in der Ächtung durch eine Gemeinschaft ebenso bestehen wie in dem psychologischen Druck jeder solchen Verhaltensregel – Die Nichtbefolgung eines von mir anerkannten Gesetzes erzeugt eine innere Spannung, die Erfüllung hingegen verschafft Befriedigung.

Nach solchen Verhaltensregeln lebt jeder von uns und keiner kommt ohne sie aus, denn es ist ganz unmöglich, jeden Augenblick das eigene Verhalten völlig losgelöst von bereits Erlebtem und Eingeübtem ab ovo neu zu entscheiden. Ist Ihnen nicht schon der Freund begegnet, der, statt sich die schönsten Opernaufführungen auszusuchen, die Auswahl lieber einem Abonnement mit der Begründung überlässt, dass er sonst gar nicht in die Oper käme? Noch weniger vermag eine menschliche Gemeinschaft ohne solche Verhaltensregeln auszukommen. Denn die Interaktion mit anderen Menschen bedarf einer gewissen Berechenbarkeit, um dieses Zusammenleben überhaupt zu ermöglichen. Wir brauchen das Recht zum Schutz der Grundrechte menschlichen Zusammenlebens und der Sicherung und Verteilung der Güter dieser Erde.

Gerechtigkeit ist

a) ein göttliches Prinzip, das mit der Unterscheidung von Gut und Böse zu tun hat, mit allen damit verbundenen Konsequenzen und
b) eine menschliche Erkenntnis und eine menschliche Empfindung, die richtiges und falsches Handeln bewertet. Dem Menschen scheint die Gabe angeboren zu sein, Bruchstücke dieser vorgegebenen göttlichen Gerechtigkeit als richtig zu erkennen und ihre Befolgung als befriedigend zu empfinden.

Das Spannungsfeld zwischen Gesetz und Gerechtigkeit, die Frage ob und inwieweit das Gesetz Garant dieser Gerechtigkeit sein kann, soll das zentrale Anliegen meiner folgenden Überlegungen sein.

Die ***Schuld*** schließlich ist der gewollte oder leichtfertige Verstoß gegen das als verbindlich erkannte Gesetz und/oder gegen die Gerechtigkeit an sich. Probleme der Schuld vermag ich heute nicht annähernd befriedigend darzustellen. Ich beziehe mich auf die Schuld im Folgenden nur insoweit, als dies für die Darstellung des Rechtes unter dem Aspekt der Hoffnung von Bedeutung ist.

2. Situationsanalyse

Jede Hochkultur besitzt ein ausgeprägtes Rechtssystem sowie auch ausgeprägte Regelungen sämtlicher Lebensbereiche bis hin zum Gebiet der Kunst.

Die Juden haben zur Zeit Christi über ein sehr entwickeltes Rechtssystem verfügt, das sie überdies noch mit dem religiösen Anspruch des göttlichen Gesetzes versehen haben, das es zum Großteil nicht war. Das Christentum schafft eine Befreiung vom mosaischen Gesetz – ich erinnere an das 7. Kapitel des Römerbriefes. Im Abendland ist das Christentum Mitträger einer neuen Hochkultur, wieder mit einem ausgeprägten Rechtssystem, wieder mit einem weitgehenden Anspruch, dass dieses zumindest aus dem göttlichen Gesetz ableitbar sei. In der Blüte dieser Kultur wird der Same der Befreiung gelegt – ich erinnere an das religiöse Streitthema „Gesetz und Evangelium", an die Parolen der französischen Revolution – liberté, égalité, fraternité. Ich erinnere an die Auswanderbewegung nach Amerika und den traditionellen Freiheitsbegriff dieses Staates, ich nehme Bezug auf die Philosophie des Individualismus und auf die Ablösung der monarchistischen Staatsformen durch demokratische.

An der Wende zum dritten Jahrtausend erschrickt der Mensch vor der möglichen Perfektionierung menschlicher Verhaltenssteuerung durch die Mittel einer genau vorausberechenbaren Technik (diese Technik dringt in den Sprachgebrauch ein, die zwischenmenschliches Verhalten regelt, z.B. den Kontakt zwischen zwei Menschen, die Technik der Ehe und dgl.). Dieses Erschrecken vor der möglichen Fremdbestimmung, die auch das immer komplizierter werdende Staatsgefüge mit sich bringt, führt zu einer Sehnsucht nach Freiräumen. Es hatten sich bis vor kurzem sogar zwei Weltmächte mit krass unterschiedlichen Gesellschaftssystemen gebildet, gerade unterschiedlich im Hinblick auf die Programmierung menschlichen Verhaltens. Die Pluralität der Auffassungen heute steht in einem Spannungsverhältnis zwischen einer faktisch immer mehr zunehmenden Fremdbestimmung und einem gleichzeitig stets zunehmenden Aufbäumen dagegen. Alle tradierten menschlichen Verhaltensregeln werden in Frage gestellt, bestehende Herrschaftsstrukturen begegnen Misstrauen bis Ablehnung, nur die sogenannte natürliche Autorität wird anerkannt. Es treten große Spannungen im Erziehungswesen auf, wo es traditionsgemäß und vermutlich auch biologisch bedingte Herrschaftsstrukturen gibt – ich erinnere an die Bewegung um eine antiautoritäre Erziehung, ich erinnere an die Spannungen in der Kirche, die in der Tradierung von Wertvorstellungen, die sehr entscheidend menschliches Handeln beeinflussen, sich zwei Lagern gegenübersieht. Die einen sehen in der Kirche einen Hort der Ordnung, der Sicherung abendländischer Werte, einen Zufluchtsort der Sicherheit, sich auf Gottes Willen berufender Aussagen vor einer Welt, die immer mehr Traditionen in Zweifel zieht. Auf der anderen Seite wird das Evangelium von der Freiheit des Christenmenschen zum Banner eines Aufbruches, und die Betonung von Gewissen und persönlicher Schuld sind ein Steigbügel dafür, überkommene Gebote in Frage zu stellen. Gerade im Bereich von Ehe und Sexualmoral drohen Lehre und geübte Praxis mit dem Anspruch auf sittliche Rechtfertigung immer mehr auseinanderzuklaffen. Kulturpessimismus und Befreiungsideologie machen vor den Gläubigen dieser Kirche nicht halt.

Ist es nicht eine schöne Zeit, sich zu befreien von sinnlosen Fesseln, die Menschheit zu befreien von unnötigem Leid im Namen der Gerechtigkeit und stattdessen sich den eigentlich wesentlichen Aufgaben der Menschheit zuzuwenden. Ist es nicht eine Zeit, die zur Aussaat unseres Glaubens in diesen reichen Humus drängt? Es ist auch eine Zeit, die man versäumen kann.

Die Angst des Papstes, Zeit zu verlieren, wird wohl in dem Erfassen der Bedeutung dieser Umbruchszeit ihren Grund haben. Aber es besteht auch die Gefahr, mit der Heiligkeit grundlegender Menschheitswerte leichtfertig umzugehen. Das sei eine Skizze von Hoffnung und Angst unserer Tage.

Ein notwendiger Beitrag zur Bewältigung anstehender Probleme der Kirche in dieser Krise ist es, den Stellenwert des Gesetzes im Verhältnis zur Gerechtigkeit aufzuzeigen. Ich berufe mich dabei auf drei Erkenntnisquellen: die juristische Praxis im Umgang mit dem Gesetz, die Naturwissenschaften als Erkenntnisquelle göttlicher Schöpfungsprinzipien und die Offenbarung Gottes im Evangelium.

II. ERKENNTNISQUELLEN ÜBER DAS VERHÄLTNIS VON GESETZ UND GERECHTIGKEIT

1. Die juristische Praxis im Umgang mit dem Gesetz (Gesetz und Fallgerechtigkeit):

Lassen Sie mich an dieser Stelle einiges über meine Erfahrungen als Strafrechtler vortragen, der einerseits beruflich mit der Lösung von konkreten Rechtsfällen in Österreich befasst ist und andererseits in Strafrechtskreisen durch die Herausgabe einer umfangreichen Entscheidungssammlung bekannt ist.

Das Strafgesetzbuch umschreibt in seinem Besonderen Teil menschliches Verhalten, das nach allgemeiner Überzeugung Unrecht darstellt, daher verboten wird, und die Einhaltung dieser Verbote wird durch Strafsanktionen erzwungen. Man kann davon ausgehen, dass alle diese Verbote unbestreitbar verabscheuungswürdiges menschliches Verhalten darstellen und dass eine unleugbare enge Verwandtschaft mit ethischen Wertvorstellungen besteht. Die Anwendung dieser Tatbestände im konkreten Einzelfall zeigt nun, dass die Aburteilung nach diesen Tatbeständen und diesen Strafdrohungen im Einzelfall Gerechtigkeit nicht garantiert. Die Strafrechtslehre und die Judikatur haben eine ganze Fülle von Rechtsinstrumentarien geschaffen, tatbestandsmäßiges Verhalten im Einzelfall nicht strafgerichtlich sanktionieren zu müssen. Es gibt Rechtfertigungsgründe, Schuldausschließungsgründe, Strafausschließungsgründe, Strafaufhebungsgründe, Verfolgungshindernisse, und wenn dieses Instrumentarium nicht ausreichen sollte, dem Einzelfall gerecht zu werden, gibt es immer noch das Gnadenrecht des Bundespräsidenten.

Zur Beschreibung des Unrechtes bedarf es einer näheren Betrachtung der Rechtfertigungsgründe. Es ist auffällig, dass das StGB in seinem Allgemeinen Teil nur einen von diesen regelt, nämlich die Notwehr. Im Übrigen ist aus den erläuterten Bemerkungen zur Regierungsvorlage zu entnehmen, dass es nicht möglich ist, sämtliche Rechtfertigungsgründe taxativ zu regeln, und dass insbesondere davon abgesehen wurde, den sogenannten übergesetzlichen Notstand, der auf einer allgemeinen Güterabwägung beruht, einer gesetzlichen Regelung zu unterziehen. Vielmehr ist es der Judikatur überlassen, im Einzelfall zu prüfen, ob nicht immer der Schutz eines höherwertigeren Interesses die Verletzung eines geringeren rechtfertigt. Es gibt hier sehr umstrittene Entscheidungen, etwa den Fall eines Wiener Dentisten, der nach einem sexuellen Angriff auf sein Kind den Täter mit einer Pistole auf der Straße gestellt hat und mangels eines Waffenscheines wegen verbotenen Führens dieser Waffe in erster Instanz verurteilt, in zweiter jedoch wegen Irrtums über Rechtfertigungsgründe freigesprochen worden ist.

Ich halte hier die Erkenntnis für wesentlich, dass trotz der unbestrittenen Richtigkeit der Tatbestände des StGB der Gesetzgeber weiß, dass es ihm nicht gelingen kann, sämtliche Rechtfertigungsgründe befriedigend zu regeln, und dass es auch der Lehre genügt, die Richtung für derartige Überlegungen anzugeben. Es ist auch bezeichnend, dass im *Besonderen Teil* des StGB 1975 die Zahl der Gründe, die eine Strafbarkeit nach den einzelnen Tatbeständen ausschließen, im Vergleich zu früheren Gesetzen zugenommen hat. Ich denke etwa an die zahlreichen Fälle tätiger Reue, die nunmehr anerkannt werden. Und zwar ist darin nicht eine Aufweichungstendenz des Strafrechtes zu erblicken, sondern die Sorge, dass es nicht gelingen möge, mit der Umschreibung des Tatbestandes auch nicht strafwürdige Fälle jeweils aus dem Bereich des Strafbaren auszuschließen. Eine zweite Erfahrung ergibt sich aus der Judikatur des Obersten Gerichtshofes. Im Zuge der Auslegung der einzelnen Tatbestandsmerkmale ist der Oberste Gerichtshof gezwungen, Rechtsbegriffe immer detaillierter zu definieren. Kurz vor der Aufhebung des alten Strafgesetzes aus dem Jahr 1852 hat der OGH noch immer neue Rechtsätze formuliert. Es war also in über 100 Jahren Judikatur nicht möglich, dieses Gesetz sozusagen auszujudizieren, sondern im Gegenteil, die Rechtsprechung ist durch die Vielfalt der in der Lebenswirklichkeit vorkommenden Geschehnisse vor immer neue Rechtsprobleme gestellt. Und jedem Juristen ist es völlig geläufig, dass er bei seiner täglichen Arbeit das Gesetz nicht gleich einem Computer auf den Einzelfall anzuwenden vermag, sondern dass diese Subsumierung mangels Bestimmtheit des Gesetzes oder infolge des ungerechten Ergebnisses immer wieder vor neue Probleme stellt. Von dieser Sorge weiß auch der Gesetzgeber, an den immer neue Forderungen zur Reform des bestehenden Rechtes mit dem Hinweis auf seine Ungerechtigkeit im Einzelfall herangetragen werden. Je weiter eine gesetzliche Bestimmung gefasst ist, umso weniger wird bestimmt, welche Fälle darunter subsumiert werden können, umso mehr Ermessensspielraum ist dem Rechtsanwender überlassen. Damit ist aber auch eine Rechtsunsicherheit gegeben. Je detaillierter das Gesetz die Materie regelt, umso weniger entspricht dieses Gesetz bei seiner Anwendung im Einzelfall den Bedürfnissen fallgerechter Lösungen. Je enger die Kleider der Justitia geschneidert werden, umso weniger passen sie ihr. Durch die Novellierung eines Gesetzes, um im Einzelfall mehr Gerechtigkeit zu schaffen, werden immer weitere Novellen provoziert. Ich denke da nicht nur an das ASVG.

Diese Erfahrung führt zu grundsätzlichen Überlegungen über die Bindung an das Gesetz überhaupt. Hier spiegelt sich ganz deutlich das Spannungsverhältnis zwischen Gesetz und Gerechtigkeit. Bei Studium des Strafrechtes im Jahr 1954 habe ich an der Wiener Universität gelernt, dass nach den §§6 bis 8 ABGB die primäre Auslegungsregel die logisch-grammatikalische sei. Danach folgt die systematische, die historische und schließlich die teleologische. Es ist bezeichnend, dass der Nachfolger meines damaligen Strafrechtlehrers heute die teleologische Auslegung als die primäre Methode der Rechtsfindung anpreist. Ich halte dies für einen ungeheuren Fortschritt, der sich leider nicht allgemein durchgesetzt hat. Bei rechtsvergleichender Betrachtung des Vorgehens der Anklagebehörden findet man ein sehr unterschiedliches Verhältnis des Staatsanwaltes zum Legalitätsprinzip, d.h. zu der Forderung, dass er verpflichtet ist, ihm bekannt gewordene Straftaten auch zu verfolgen. Um Ungerechtigkeiten zu vermeiden, hat der Staatsanwalt gerade in romanischen Ländern, aber auch im angloamerikanischen Bereich, einen mehr oder weniger weitgehenden Ermessensspielraum zur Verfügung. Während wir im kontinental-europäischen Bereich aus den Gesetzen die Gerechtigkeit durch Deduktion ermitteln wollen, ist das angloamerikanische Recht mit seinem case-law einen anderen Weg gegangen und sucht durch Analogie zu vergleichbaren Fällen eine bessere Fallgerechtigkeit zu erreichen. Diese Überlegung scheint mir überaus bedeutsam, wenn auch die Erfahrung in der Praxis im Hinblick auf die Frage, was man als Vergleich beim Einzelfall ansieht, nicht überzeugt. Ich erinnere mich an eine Besichtigung Schweizer Vollzugsanstalten, wo mir der Anstaltsleiter erklärt hatte, in einem Übergangsheim würden entgegen dem Strafvollzugsrecht Männer und Frauen zusammen angehalten und er habe ausgezeichnete Erfahrungen damit gemacht; hinsichtlich einer allfälligen Gesetzesverletzung hat er keine Skrupel.

Schließlich darf ich noch darauf hinweisen, dass das Misstrauen gegen den Juristen, der die Gerechtigkeit aus den Gesetzen deduzieren soll, sich in der Einführung der Laiengerichtsbarkeit widerspielt, die wir bis heute beibehalten haben. All dies zeigt, dass formulierte Rechtsregeln offenbar nicht restlos Gerechtigkeit zu garantieren vermögen.

Einen allgemeinen Prinzipien sich restlos verschreibenden Menschen bezeichnet man abschätzig als „Prinzipienreiter". Wie fasst es doch Mephisto in seiner Unterweisung des Schülers Wagner so treffend zusammen: „Es erben sich Gesetz und Rechte wie eine ewige Krankheit fort. Die schleppen von Geschlecht sich zu Geschlechte und rücken sacht von Ort zu Ort. Vernunft wird Unsinn, Wohltat Plage, vom Rechte, das mit uns geboren ist, von dem ist, leider! nie die Frage." Ebenso wird der Jurist in den Opern des vergangenen Jahrhunderts regelmäßig verspottet und auch heute nur als notwendiges Übel angesehen, das zumeist charakterlich verknöchert, unbeweglich und weltfremd ist oder es aber als Rechtsanwalt raffiniert und schlau versteht, den Missetäter durch die Maschen des Gesetzes seiner gerechten Bestrafung zu entziehen.

2. Die Naturwissenschaften als Erkenntnisquelle göttlicher Schöpfungsprinzipien

Wir wissen heute, dass die meisten Phänomene der Physik durch Zufall bestimmt sind. Nur mit einem statistischen Wahrscheinlichkeitsurteil lässt sich der Ort eines Teilchens voraussagen. Der Weg der Luftmoleküle in diesem Raum kann nur für eine Tausendstelsekunde vorausgesagt werden. Ich erinnere an die Unschärferelation von Heisenberg, ich erinnere an den Energiesprung des Elektrons. Diese beschränkte Möglichkeit der Vorausberechenbarkeit physikalischer Vorgänge findet ihre Parallele in der Biologie. Ich erinnere an die genetische Spontanmutation, auch hier haben wir eine Unschärfe, nämlich die der Selbstreproduktion eigener Musterharmonien.

Diese wissenschaftliche Erkenntnis zur Vorausberechenbarkeit naturwissenschaftlicher Phänomene deckt sich mit dem Erfahrungswissen des Juristen, der zur Kenntnis nehmen muss, dass die formulierte Vorausberechenbarkeit der Gerechtigkeit in Rechtssätzen im Verhältnis zur Lebenswirklichkeit mit einer nicht zu bewältigenden „Unschärfe" verbunden ist. Und es sei mir auf

Grund dieser Analogie die Vermutung gestattet, hier ein Prinzip göttlicher Schöpfung vorzufinden, wonach es erhebliche Freiräume gibt, und zwar nicht nur für den Menschen, sondern auch im Ablauf von Geschehnissen, mit denen wir konfrontiert werden, in die wir involviert sind. Oder ich darf es so ausdrücken: Die Unendlichkeit Gottes spiegelt sich in der Vielfalt alles Erschaffenen und in dem freien Raum für Spontanität und Gestaltung. Und so ist uns Menschen die Möglichkeit geboten und die Aufgabe gestellt, für diesen Freiraum offen zu sein und in ihn schöpferisch einzugreifen.

3. Die Offenbarung Gottes im Evangelium

Unser Thema Gesetz und Gerechtigkeit wird im Evangelium sehr breit abgehandelt. Die Verwendung der Begriffe ist eindeutig: Gesetz ist das mosaische Gesetz und die Gerechtigkeit ist eine göttliche Eigenschaft. Der Gerechte steht im Gegensatz zum Gottlosen. Die Aussage des Evangeliums erscheint eindeutig, wenn auch die Akzentuierung dieses Themas etwa bei Paulus und Matthäus unterschiedlich ist. Paulus hält Lästerreden gegen das Gesetz. „Der Buchstabe tötet", sagt er in Korinther 3,6 sogar im Hinblick auf die zehn Gebote. Ja, „das Gesetz reizt zur Sünde". „Die Kraft der Sünde ist das Gesetz" (Korinther 15,6). In der Bergpredigt hingegen heißt es nach Matthäus – und er wird darin von Lukas bekräftigt –: „Wer das geringste meiner Gebote auflöst, wird als der Geringste gelten im Himmelreich." „Ein Mensch wird durch des Gesetzes Werke vor Gott nicht gerecht" (Römer 3,20 ff.).

Diese Überwindung des Gegensatzes Gesetz und Gerechtigkeit findet sich am deutlichsten in der Bergpredigt: „Ich bin nicht gekommen, die Gesetze aufzulösen, sondern sie zu erfüllen" (Matthäus 5,17). „Das Gesetz wird nicht aufgehoben, sondern aufgerichtet" (Römer 3,31). Und was dieses Erfüllen bedeutet, stellt Christus sogleich klar, indem er die steinernen Gesetze vom Berge Sinai (wie sie Paulus in Korinther 3,6 ff. bezeichnet) erläutert. Nicht nur wer den anderen tötet, sondern auch wer seinem Bruder im Herzen zürnt, versündigt sich. Also nicht die wörtliche, sondern die teleologische Auslegung des Gesetzes rechtfertigt das Handeln. Jedes Gesetz ist unter dem Blickwinkel der Gottes- und der Nächstenliebe zu interpretieren (s. so Römer 13,8 ff.) und die Herzenshärte im Zusammenhang mit der Gesetzesauslegung wird von Christus angeprangert. „Wenn eure Gerechtigkeit nicht besser ist als die der Schriftgelehrten und Pharisäer, werdet ihr in das Himmelreich nicht eingehen" (Matthäus 5,50). Vielmehr vermag gerade das bloße Festhalten am Gesetz zur Verdammnis zu führen. Siehe das Beispiel von der Schuldknechtschaft (Matthäus 18,23).

Christus lehnt also das Gesetz nicht schlechthin ab, er unterwirft sich der Beschneidung und der Taufe, aber er handelt entsprechend einer teleologischen Auslegung, indem er Güterabwägungen vornimmt. So heilt er etwa am Sabbat. Und somit reduzieren sich alle Gebote letztlich auf zwei – die Gottes- und die Menschenliebe. „An diesen zwei Geboten hängt das ganze Gesetz samt den Propheten."

Diese eindeutige Aussage bezieht sich aber, und das erscheint mir als sehr entscheidend, nicht nur auf die historische Situation der Ablösung des alten Bundes durch das Neue Testament, sie bezieht sich also nicht nur auf das mosaische Gesetz, sondern auf das Gesetz schlechthin. Es ist doch auffällig, dass Christus keine neuen Gesetze hinterlassen hat, sondern Gleichnisse, welche die Richtung anzeigen. Das Liebesgebot hat er in den Mittelpunkt gestellt. Damit ist das Ziel bezeichnet, unter dem die Situationen des Lebens jeweils zu beurteilen sind. Pharisäische Gesetzesauslegung jedoch, eine Auslegung fern vom Liebesgebot, eine Gleichsetzung von Gesetz und Gerechtigkeit, lässt sich auch in der katholischen Kirche nachweisen. Denn es ist eine menschliche Sehnsucht, sich in Sicherheit zu wiegen, während wir auf der Wanderschaft sind. Die Kirche ist vor menschlichen Schwächen nicht gefeit, da wir doch alle zusammen Kirche sind.

Christus verdammt alle die, die unter Berufung auf das Gesetz nicht frei sind für den Anruf Gottes zur Stunde, da er den Menschen in eine Situation der Entscheidung gestellt hat. „Wachet und betet, denn ihr wisst nicht die Stunde." Ich denke da an die törichten Jungfrauen und an die Einladung zum Hochzeitsmahl, der aufgrund verständlicher menschlicher Entscheidungen (Eheschließung, Ochsenkauf) nicht gefolgt wird. Je mehr man sich der Entscheidungsfreiheit durch die Bindung an vorweg getroffene Entscheidungen verschließt, umso größer ist die Gefahr, den Anruf Gottes zu verfehlen.

III. KONKLUSION

1. Das Gesetz als Instrument im Dienst der Gerechtigkeit

Der Befund aus den verschiedenen Überlegungen lautet:

a) Jede Gesetzmäßigkeit in Bezug auf die Seinswirklichkeit, die wir erkennen oder die wir verordnen, unterliegt zwei Einschränkungen –
   aa) einmal durch die Beschränktheit der Richtigkeit alles Gesetzmäßigen an sich (selbst bei den physikalischen und biologischen Gesetzen scheint sich Gott einen Freiraum vorbehalten zu haben)
   bb) durch unsere menschliche Beschränktheit, mit der wir Wahrheit und Gerechtigkeit nur bruchstückhaft zu erkennen und mit unserer Sprache wieder nur unvollkommen auszudrücken vermögen
b) Das vom menschlichen Geist geschaffene und durch seine menschliche Zunge ausformulierte Gesetz ist daher unvollkommen und wir erfahren, dass die Pluralität der Seinswirklichkeit sich durch das Gesetz im Vorhinein nicht einfangen lässt. Je allgemeiner das Gesetz Verhaltensmuster vorschreibt, umso weniger kann eine sichere Aussage für die gerechte

Lösung des Einzelfalles abgeleitet werden. Umso detaillierter es gefasst wird, umso weniger verbürgt dieses Gesetz eine gerechte Lösung analoger Einzelfälle.

c) Man muss sich daher davor schützen, die Berechenbarkeit von Naturgesetzen im Zeitalter der Technik und des Computers auf ein Gesetzessystem zu übertragen, das menschliches Handeln in Beziehung zur Gerechtigkeit berechenbar machen will. Die Gesetze dürfen mit Gerechtigkeit nicht gleichgesetzt werden Aus der Erkenntnis göttlichen Schöpfungswillens sind naturrechtliche Gesetze zu erkennen, aber aus ihnen ist durch logische Deduktion Einzelfallgerechtigkeit in Form von Regeln nicht allgemein ableitbar. Dies zu glauben, wäre menschliche Hybris, der die Menschen allerdings auch schon unterlegen sind. Gerechtigkeit durch menschliche Gesetze garantieren zu können und ihnen Absolutheitsanspruch zuzuerkennen, beruht auf einer Fehleinschätzung menschlicher Fähigkeiten im Rahmen der dem Menschen zugewiesenen Rolle in dieser Schöpfung. Das Einhalten von Gesetzen wird durch eine gedachte Ordnung stabilisiert, aber dadurch noch lange nicht Gottes Wille vollzogen.

d) Weder menschliche Gemeinschaften noch der Einzelmensch vermögen ohne die Krücken des Gesetzes auszukommen. Der Mensch und die Gemeinschaft sind zwar imstande, sich in einer aktuellen Situation vom Gesetz zu lösen und für den Ruf der Stunde frei zu sein, der lange Weg zur Erreichung der Ziele der Menschheit und die Bewältigung des Alltags bedürfen jedoch der Stütze auf das Gesetz. Das Gesetz ist kein notwendiges Übel, es ist notwendig, aber kein Übel. Im Gegenteil, es ist ein wesentliches Instrument, um Gerechtigkeit auf dieser Welt durchzusetzen, um den Menschen zu führen, zu leiten und ihm zu helfen, sich an diesem Seil entlangzutasten. Man darf das Gesetz lieben, wie im Alten Testament. Es ist wie der Wanderstab, der eine Stütze für Berg- und Talfahrt bedeutet – Aber man darf von ihm nicht mehr erwarten als von einem Wanderstab. Man muss auch manchmal Schritte ohne diesen Stab wagen, um das erhoffte Ziel der Pilgerschaft zu erlangen. Ein gesetzloser Zustand führt zum Chaos. Die formulierte Norm hat an sich schon einen moralischen Wert. Denn ihre Einhaltung bestätigt meine Treue gegenüber meinen Vorsätzen und Zielen, und sie bestätigt die Achtung gegenüber dem gemeinschaftlichen Willen der Sozietät, in die ich geboren bin. Ohne diese Achtung fiele jede Gemeinschaft auseinander. Das Gesetz hat es in sich, dass es auf Geltung und Achtung angelegt ist. Es ist daher auch im Zweifel einzuhalten. Aber es kann die Wahrheit und Gerechtigkeit sehr wohl verfehlen, und zwar generell und im Einzelfall. Nie waren die Menschen grausamer und unmenschlicher, als wenn sie sich auf das Gesetz gestützt haben, sagt Radbruch. Ich erinnere an die Gräuel des versuchten Völkermordes an den Juden, die zu einer Renaissance naturrechtlicher Vorstellungen geführt haben. Ich erinnere an den Artikel 7 Abs. 2 der Menschenrechtskonvention, wonach das Rückwirkungsverbot dann nicht gilt, wenn Handlungen begangen werden, die zum Zeitpunkt ihrer Setzung nach dem von den zivilisierten Völkern allgemein anerkannten Rechtsgrundsätzen strafbar waren. Ich erinnere an die Deutung der Hexenprozesse durch Arthur Miller, der hier in ihnen ein gesellschaftliches Ventil sah, Böses unter dem Deckmantel göttlichen Auftrages durchführen zu dürfen. Ja, ich erinnere schließlich an den Prozess Jesu selbst. Ich erinnere ferner an die bekannten Versuche mit elektrischen Stromschlägen, wo Menschen unter Simulation eines wissenschaftlichen Versuches trotz der Schreie der Versuchspersonen scheinbar immer höhere Stromquanten durch den Apparat schickten, ohne sich gegen die Versuchsanordnung zu wehren. Ich erinnere an die Annoncen der Prostituierten in Tageszeitungen, die zu erotischen Spielen einladen. Unter dem Gesetz des Spieles werden Hemmungen gegenüber verwerflich erscheinenden Sexualpraktiken leichter überwunden. Die Berufung auf die Regel ist also auch immer wieder zu einer schrecklichen Gefährdung der Menschheit geworden. So ist das Gesetz die Kraft der Sünde. Wir wissen, dass das Gesetz immer unvollkommen ist, und wir müssen auch wissen, dass wir die Gerechtigkeit auch außerhalb des Gesetzes, neben dem Gesetz und sogar gegen das Gesetz suchen müssen.

2. Die Konsequenzen:

Aus diesem Befund ergeben sich generelle Konsequenzen. Das Gesetz ist ein wesentliches Instrument, um Gerechtigkeit zu verwirklichen, aber es garantiert die Gerechtigkeit im Einzelfall nicht. Das Gesetz mit Gerechtigkeit gleichzusetzen, ist falsch und führt zu berechtigtem Misstrauen und Ablehnung des Gesetzes an sich. Es gilt daher, gesetzliche Inhalte zu retten, indem man dem Gesetz den Anspruch auf absolute Gültigkeit nimmt.

Auf unsere Situation bezogen bedeutet dies: Um der Wahrheit willen und um in Gesetzesform gegossene Aussagen zu retten, die Aspekte eines gerechten und gottgefälligen Lebens wahren wollen, muss die bedingte Gültigkeit aller Gesetze tatsächlich zugestanden werden. Nur dadurch, dass man das wahre Verhältnis zwischen Gesetz und Gerechtigkeit aufzeigt, kann heute das Kulturgut christlich-abendländischer Tradition bewahrt und zugleich ein Beitrag zum tieferen Verständnis der hinter dem Gesetz stehenden Anliegen geleistet werden.

Wo liegt die Hoffnung des Christen in einer Zeit der Abkehr von Gesetz, Strukturen, Autorität (das hängt alles zusammen)? Diese Hoffnung liegt in der Erwartung, dass der Geist, der hinter dem Gesetz steht, dem Buchstaben aber Leben einhaucht und Überzeugungskraft verleiht, die Befolgung des Gesetzes nicht als Bürde, sondern als Erfüllung ansehen lässt. Dieser Bewusstseinserweiterung, der ich hier das Wort rede, bedarf es auch und gerade in der Kirche, um mit den heute gestellten Problemen fertigzuwerden: um mit der Jugend über Moralgesetze reden zu können, ja überhaupt um ein Wuchern juristischer Regelungen zu bremsen, die das christliche Leben beengen könnten, und gleichzeitig auch Bestrebungen abzuwehren, die die Kirche in eine charismatische Bewegung ohne juristische Konturen drängen wollen. Die modernen Instrumente der Regelung und Steuerung sozialen Verhaltens sind so beängstigend perfekt, dass in der Zukunft die Kirche als Ort der Zuflucht zur Bewahrung der Freiheit und Menschenwürde wieder an Bedeutung gewinnen könnte. Fragen wir uns ernstlich, inwieweit Kirche heute gerade deshalb nicht der Ort der Hoffnung der Menschheit ist, weil juristisches Denken den Blick auf die frohe Botschaft der Freiheit des Christenmenschen verstellt. Vielleicht sollte ich nunmehr konkretisieren, in welchem Bereiche die Kirche in Österreich mit dem Verständnis von Gesetz Schwierigkeiten hat. Es sind so viele, ich kann es nicht. Ich traue mich auch nicht. Ich will die Diagnose nicht veröffentlichen, sondern nur einen Ausweg aufzeigen. Ich biete ein Remedium an. Es drohen uns zwei Gefahren. Einerseits sieht ein Strom bewegter Menschen die Kirche als eine charismatische Bewegung ohne die lebensnotwendigen juristischen Konturen, andererseits gibt es Predigten, die glauben machen, die Erfüllung der Gebote garantieren die Rechtfertigung. Nur wenn man das Spannungsverhältnis zwischen Recht und Gerechtigkeit aufzeigt und die Bedeutung des Gesetzes zurechtrückt, besteht Hoffnung auf Überwindung dieser Schwierigkeiten, denen die Kirche heute gegenübersteht.

Das Unbehagen mit dem Gesetz führt heute gern zu dem Ausweg, die Probleme auf die Schuldseite zu verlagern. Gott wird das irrende Gewissen schonen, oder brutaler ausgedrückt: Es ist zwar so … Punktum!, aber ihr seid elend, schwach und dumm. Gott wird sich eurer erbarmen. Wir brauchen dieses Erbarmen Gottes, denn wir sind wirklich elend. Aber seien wir doch nicht so elend, damit auch noch zu spekulieren.

Ich halte es für falsch zu sagen, Gottes Wille ist so und so, die wahre und gerechte Lösung ist eindeutig und für alle Menschen verbindlich. Unterschiede kann es nur auf der subjektiven Seite, auf der Seite der Schuld und des persönlichen Gewissens geben. Das ist ein pastoraler Ausweg, aber ein schlechter, weil er die Treue und Aufrichtigkeit untergräbt. Denn mir bleibt nur der Ausweg, dem Gesetz zu folgen oder das Gesetz als solches abzulehnen und mich auf das irrende Gewissen der anderen zu berufen, wenn ich Recht behalten will. Überlegen wir doch, welch arge Schäden eine solche Pastoral anrichtet!

Ich halte es hingegen für richtig, die Probleme nicht auf die Gewissensseite abzudrängen, sondern gemäß der Bergpredigt zu lösen: „Ich bin nicht gekommen, die Gesetze aufzulösen, sondern sie zu erfüllen!" Wird diese Erfüllung in teleologischer Auslegung unter dem Liebesgebot sichtbarer, so wird die Kirche zum Ort der Hoffnung der Menschheit.

Christoph Mayerhofer als der Mann auf dem Weg zur Spitze

1. Sein offizieller Lebenslauf

Christoph Mayerhofer wurde am 10. 3. 1935 in Wien als Sohn des Dr. Friedrich Mayerhofer, Kreisgerichtspräsident in Steyr, und der Edith Mayerhofer, geborene Heinz, Mittelschullehrerin, geboren.

1941–1944	Besuch der Volksschule in Wien 14, Edlach an der Rax, NÖ und Altaussee, Steiermark
1945–1953	Besuch von Gymnasien in Kufstein, Tirol, Wien 13, Wiener Neustadt, Niederösterreich und Salzburg
1950–1953	Besuch des Mozarteum in den Fächern Violoncello und Tonsatz
15. 6. 1953	Matura in Salzburg mit ausgezeichnetem Erfolg
Wintersemester 1953	nach bestandener Aufnahmeprüfung Besuch des Max Reinhardt Seminars, gleichzeitige Inskription Jus an der Universität Wien

Sommersemester 1954 freiwilliger Ausstieg aus dem Schauspielseminar, widmete sich ausschließlich der Juristerei

Oktober 1954	1. Staatsprüfung
14. 1. 1956	2. Staatsprüfung

Sommer 1956 Stipendium für den Besuch der Sommerhochschule der Universität in Strobl am Wolfgangsee mit dem Prüfungserfolg superior, dort lernte er seine spätere Ehefrau Gertrud Kirchbaumer kennen

1. 4. 1956–31. 12. 1960 wissenschaftliche Hilfskraft am Institut für Strafrecht und Kriminologie

2. 7. 1957	3. Staatsprüfung
18. 11. 1957	Promotion zum Doktor
5. 1959	Verheiratung mit der Studentin Gertrud Adele Josefine Lilli Margarete Kirchbaumer, geb. 13. 4. 1937, am Standesamt in

	Steyr. Die kirchliche Trauung erfolgte in der Pfarre Christkindl am 24. 4. 1959 (aus der Ehe stammen vier Kinder)
1960–1961	Rechtspraktikant, zuerst beim KG Steyr und bei der StA Steyr, dann in Wien beim BG Innere Stadt

1962 bis 1. 6. 1963 Richteramtsanwärter bei der StA Wien, beim BG Purkersdorf und beim ZRS Wien

7. 5. 1963	RiAA-Prüfung mit ausgezeichnetem

Erfolg

1. 6. 1963	Ernennung zum Bezirksrichter, Verwendung als Sprengelrichter = Vertretungsrichter bei sieben Bezirksgerichten in Niederösterreich (da Autobesitzer). Nach dem Sommer wurde er in das BmfJustiz eingeladen. Dort erkletterte er – immer mit ausgezeichneter Beschreibung – die Karriereleiter.
01. 01. 1966	Staatsanwalt
23. 12. 1968	Ministerialoberkommissär
02. 06. 1969	Ministerialsekretär
12. 12. 1972	Sektionsrat
01. 10. 1974	Abteilungsleiter in der Sektion 4 des Bmf Justiz
07. 12. 1977	Ministerialrat, im selben Jahr Goldenes Ehrenzeichen
01. 08. 1979	Generalanwalt im BmfJ
01. 01. 1990	Bestellung zum Leiter der Sektion 4 im BmfJ.

Der Aufgabenbereich umfasst im Wesentlichen folgende Angelegenheiten:

Angelegenheiten des Auslieferungs- und Rechtshilfegesetzes (ARHG); Einzelsachen der Auslieferung; Einzelstrafsachen sowie Gnadensachen, Einzelsachen der bedingten Entlassung von Strafgefangenen und von im Maßnahmenvollzug Untergebrachten; Vorbereitung und Durchführung periodischer Begnadigungen.

02. 12. 1991	Großes Silbernes Ehrenzeichen
04. 03. 1998	Verleihung des Berufstitels Professor durch den Herrn Bundespräsidenten
01. 06. 2000	Übertritt in den Ruhestand
13. 06. 2015	Ableben der Ehegattin Gertrud Mayerhofer

2. Was so nebenbei geschah

Im Rahmen des Wirkungsbereiches der Abteilung IV 1 habe ich den Fall Ringeisen vor der Europäischen Kommission und vor dem Europäischen Gerichtshof für Menschenrechte vertreten.

Am 9. 12. 1963 erhielt ich einen Preis des Kardinal-Innitzer-Studienfonds.

Vom 1. 1. 1966 bis zum 24. 4. 1972 war ich Mitglied des Großen Fachbeirates für die Statistik des Straßenverkehrsunfalls. Ab 24. 4. 1972 war ich Mitglied des Fachbeirates für Justiz und Kriminalstatistik des österreichischen Statistischen Zentralamtes. Ab 26. 4. 1973 war ich Prüfungskommissär der Richteramtsprüfungskommission beim Oberlandesgericht Wien.

Ab März 1984 war ich Mitglied der Fondation Internationale Pénale et Pénitentiaire und ab 1988 Vorstandsmitglied der Neuen Kriminologischen Gesellschaft mit Sitz in Göttingen sowie Vorstandsmitglied der österreichischen Landesgruppe der AIDP.

3. Die graue Eminenz im Justizministerium

Eine Beamtenlaufbahn dauert etwa 40 Jahre. Ich war davon 15 Jahre Abteilungsleiter und 10 Jahre Sektionsleiter. Da kann man sich schon einen Ruf aufbauen, wenn man nur immer seiner Haltung treu bleibt. Und ich hatte das Vertrauen aller politischen Parteien: Der Mayerhofer macht nur, was rechtens ist! Und auch sonst hat während meiner ganzen Amtszeit niemand auch nur versucht, mich zu bestechen.

Ein Beispiel für meine Ausstrahlung: Ein Abgeordneter gebärdet sich im Parlament ganz wild: Herr Minister! Wie konnten Sie denn nur ... Was ist Ihnen denn da eingefallen? ... Broda stoisch: „Was wolln'S denn von mir? Das hat der Mayerhofer g'macht.“ Aus war's ... von Polemik weiter keine Spur.

Hat sich der Minister etwa selbst entmachtet? Keine Spur! Er bestellte einen guten Parteifreund zum leitenden Oberstaatsanwalt in Wien. In weiter unbeachtet gebliebenen Fällen hätte der Oberstaatsanwalt das Problem applanieren und darüber dem Minister mündlich berichten können. Dann wäre dieser Fall gar nicht ins Ministerium gekommen und ich wäre die Arbeit los gewesen. Dagegen hätte ich auch gar nicht Krach schlagen können. Schließlich war ich als Gehilfe des Ministers bestellt, und nicht als sein Konkurrent. Auch mit der Bestellung des Weisungsrates blieb dieser nicht benützte Weg offen.

Christian Broda war überzeugter Sozialist und Humanist. Ihm war sehr bald klar, dass ich kein Parteikollege war. Aber als Humanisten waren wir tatsächlich Blutsbrüder, und deshalb konnte er sich auf mich verlassen.

4. Wie war er denn so privat?

Der Rückblick auf mein Leben zeigt vor allem an,
ich bin ein leicht und schnell ang'rührter Mann.
Behutsam muss man mich behandeln,
will man mit mir durchs Leben wandeln.
Z. B. war ich am Reinhardt Seminar.
Als ich mit einem Zeugnis nicht zufrieden war,
hab ich das Haus wortlos verlassen
und alle Ambitionen sein lassen.

Ich hingegen tu mich nicht genieren,
auch recht brutal zu reagieren.
Z. B. „Du hast dir deine Chance vertan,
such dir einen andern Mann!“

Jede Liebe mit einem Hascherl schlicht begann.
Ich war für sie der große Boss
und saß auf einem hohen Ross.
Sie war sehr lieb und untertan,
sie niemals einen Streit begann.
Wenn ich mich schließlich doch besann:
die ist für mich zu primitiv,
die Lieb sich bald im Sand verlief.
„Ich brauche eine Grande-Dame“,
mit einem Trutscherl fang ich nichts an.
Dennoch: Ich fing wieder mit einem neuen Hascherl an.
Na ja … also … gar so schwarz-weiß war's wieder nicht!

Meine liebe Gerti war von Natur
auch ein liebes Hascherl nur.
Ich war auch nur ein Student,
doch ein Jung-Star am Firmament
und verdiente schon eigenes Geld.
Mit der Zeit ist sie zu mir aufgestiegen
und immer eine respektierte Frau geblieben.
Sie passte zu mir ganz genau!
Ihr Lebensziel „Mutter“
hat sie mit vier Kindern voll erreicht,
was ihr aber jetzt entweicht,
sind Ambition und körperliche Liebe.
Als Kinder erzeugender Ehemann wurde ich entlassen,
ich fühlte mich nicht nur im Bett alleingelassen …

Da ist mir ein Hascherl übern Weg gelaufen …

Meine Familie

Ja, Gerti war zu Beginn die ideale Frau. Schon bald kamen liebe Kinder und ich wurde Vater …! Wir teilten all unsre Sorgen, wir stützten uns, alles zu versorgen. Gerti ist in ihrem Reich aufgegangen und hat alles aufgefangen. Mir ist dabei nichts abgegangen. Sie gewann all mein Vertrauen, ich hörte auf nachzuschauen. So begann sie ihren Einfluss aufzubauen. Warum auch sollte ich mich befassen, und habe alles überlassen. Doch da hätt ich sie bremsen müssen und auf meine Rechte pochen. Doch warum einen Krieg beginnen, es gab doch eh nichts zu gewinnen. Nach etwa 20 Jahren habe ich allmählich doch erfahren, dass ich im Beruf war hochgeehrt, doch als Ehemann nicht sehr viel wert. Das hat schrecklich wehgetan. Auch die Kinder merkten dann, mit der Mutter konnt man sich's richten, auf den Vater auch verzichten. So fing das alles an. Ich stand so alleine da. Ich ärgerte mich zwar, aber es viel bequemer war, ohne viel herumzustreiten. Ich ließ meine Macht entgleiten und suchte mir Ersatz zu schaffen und mir den Genuss zu verschaffen, den man mir hat vorenthalten. Die Kinder haben immer zur Mutter gehalten, die Bindung zu ihrem Vater hat nicht gehalten. Nun, nach außen hat alles gehalten, aber im Inneren waren wir gespalten. Ich hab diese Kinder nicht mehr ausgehalten. Und von der Frau war ich enttäuscht. Verbrachte ich meine Freizeiten, wollte niemand mich begleiten. In die Oper, ins Theater ging allein der alte Vater. Und von den Familienrunden war ich langsam auch verschwunden. Niemand wollte es erkunden, wo denn da die Schuld war. Der Vater war gleichsam immun, man hatte nichts mit ihm zu tun. Gertis Familie war sehr groß. Von den Mayerhofers gab's mich bloß. So wurde ich ein Außenseiter, doch fand ich liebe Wegbegleiter. Die kümmerten sich um mich weiter. Über meine Interessen hab ich die Familie ohne Schmerz vergessen. Meine Erkenntnisse aus meinem interessanten Leben konnt ich den Kindern nicht weitergeben. So wurden wir einander fremd. Was da in meiner Brust geschah, das nahm nämlich niemand war.

Durch mein Ansehen in der Welt war ich gleichsam in ein Exil gestellt. Ich hab das selbst nicht recht bemerkt. Ich konnt mein Leben exzellent gestalten, ohne den Anhang zu verwalten. Ich fühlte mich in meinem Recht und es ging mir gar nicht schlecht. Alle diese wahren Sorgen blieben mir anscheinend ganz verborgen. Vielleicht hab ich sie weggeschoben, warum sollt' ich schimpfen oder toben. Erst als die Gerti war gestorben, ist mir manches aufgefallen, und die Schuld daran traf nicht den Ehemann. Die Kinder ließen mich nicht an sich ran. Meine Chancen warn vertan. Das hat die Beziehung nicht verbessert, sondern das Vatergefühl weiter verwässert. Doch da kam eine neue Frau, aus einer guten alten Zeit, und war zu helfen gleich bereit. Sie hat gleich erkannt, dass es mit mir nicht zum Besten stand. Ich warf gleich das Taschentuch und wagte den Versuch, noch einmal anzufangen. Und siehe, es ist gut gegangen. Mein ganzes Leben lang hab ich die Chance auf eine solche Frau vertan. Doch das fing jetzt herrlich an. Mit Zeit, Gesundheit und viel Geld und einer Frau, die jedem gut gefällt, lässt sich das Leben wohl genießen und jede Wunde rasch verschließen. So fing für einen alten Mann schließlich die große Liebe an. Amen.

5. Wie haben ihn seine Freunde gesehen?

Lieber Vater, Schwiegervater und Großvater!

Da es Dich nach Versen giert,
Dichten wir heut' ungeniert

Zu Deinem großen Ehrentage,
Das ist der 70er – ohne Frage –,

Haben wir es uns erlaubt,
Dich, das Familienoberhaupt,

Zu feiern, zu umjubeln und besingen,
Doch wofür genau – lasst uns besinnen:

Es begann vor ca. 45 Jahren,
Da kam Regine angefahren.

So war Deine Vaterschaft begründet,
Die noch lange nicht geendet.

Mit Thomas, Lukas und Melitta,
Begleitet von manch Donner und Gewitter,

War dann das Quartett perfekt.
Kinderglück – süß und verdreckt.

Gestresst von Wochenenden mit uns Lieben
Hast Du die Zeit im Amt vertrieben.

Und was warn wir Kinder froh,
Wenn Du verschwandest im Büro.

So war die Schulzeit für uns alle
Pein und Qual in jedem Falle.

Doch irgendwann war das vorbei
Und Lernkontrolle einerlei.

Während im Großen Zimmer Dein Cello schrummte,
Uns Kleinen am Jausentisch der Schädel brummte,

Waren Regine und Thomas auf einmal
Beschäftigt mit der Partnerwahl.

Kaum verblasst die Geisterbahn und der Wurstelprater
Wurdest Du schon Schwiegervater.

Gebläht vor Stolz als Vater der Braut
War auch Thomas bald getraut.

Und dann kam schon ganz geschwind
Herbei das erste Enkelkind.

Mit großväterlicher Würde
Nahmst Du auch dann so manche Hürde.

Märchenerzählen und Krippenschauen
Waren oft wichtiger, als Verbrecher zu „verhauen“.

Doch mit Strafrecht-Pauken und Kinderwagen-Schieben
Bist Du doch sehr fit geblieben.

Und in all den vielen Jahren
Wir Dich fast immer nur im Anzug sahen.

Ein jeder Dich nur mit Krawatte kannte,
Die verdeckte, wenn das Hemd mal spannte.

Doch dann, in der Pension,
Erkanntest Du das Übel schon.

Denn ein Anzug – schön anzusehen –
Ist doch äußerst unbequem.

Jedoch statt schicker Pensionist
War die Gewandung doch oft trist
(um nicht zu sagen einfach Mist).

Nun weg mit Jogger und fadem Strick,
Wir wollen Dich in feschem Schick.

Da Du Dir auch selbst gefallen sollst
Und über unser Geschenk nicht schmollst,

Bekommst Du von uns statt Wein und Kuchen
Gutscheine von „HIRMER" zum selber Aussuchen.

Und damit Du nicht irrst im Mariahilfer-Tal,
Bekommst Du modische Beratung nach Deiner Wahl.

Ob schon eingespieltes Team mit Melitta
Oder Regines Rat mit Glamour und Glitter

Oder Uschis feiner Schnitt,
Wir begleiten Dich auf Schritt und Tritt.

Doch noch wichtiger als Deine Schönheit:
Bleib fröhlich, gesund und voll Zufriedenheit!

Alles Gute zum 70sten Jahresring

Wünschen Dir Deine Kinder, die wir gerne sind!

Lieber Christoph!

Auch wenn man reifer wird an Lebensjahren,
Kann man sich den frischen, wachen Geist bewahren.
Dein 70. Geburtstag, lieber Freund, es deutlich beweist:
Du wurdest älter an Jahren und bliebst jugendlich im Geist!
Das konnten wir auch immer wieder aufs Neue erfahren
Bei unseren Zusammentreffen in den vergangenen Jahren.
Die Familie und das Strafrecht waren Deine große Liebe,
Bücher, Rechtskurse, Vorträge befriedigten Deine juristischen
Triebe.

In der Justiz lenktest Du das große staatsanwaltliche Schiff
Und musstest ausweichen so manchem politischen Riff.
Nicht nur die Arbeit liebtest Du, nein auch die Ferne,
Gereist bist Du mit Flugzeug, Bahn und Auto viel und gerne.
Ein Süchtiger bist Du – was die Oper betrifft – gewesen,
Darum musst Du die „Kleine Philosophie der Passionen" un-
bedingt lesen.

Deine Vielseitigkeit hast Du auch dadurch bewiesen,
Dass Du es verstandest, das Leben richtig zu genießen:
Ein anregendes Gespräch, ein Glaserl Wein, ein gutes Essen,
Da konntest Du ernst oder fröhlich sein, die Zeit vergessen.

Wir hoffen, wir konnten mit diesen Versen Dir eine kleine
Geburtstagsfreude bereiten.
Unseren allerbesten Wünsche sollen Dich, lieber Christoph,
in die nächsten Jahre begleiten!

Herzlichst
Annemarie u. Karli

Wien, im März 2005

LAUNIGE GEBURTSTAGSVERSE
FÜR CHRISTOPH VON ADRIAN

Ist der Geburtstag so schön rund,
tut man den Glückwunsch gern in Reimen kund.
Und bei einem so kunstsinnigen Jubilar
ist die Versform sonnenklar.
Nur das Feinste für die Ohren
soll sich ins Gedächtnis bohren,
und so bringe ich nun hier
ein kleines Gedicht, das ich widme dir.
Deine Verdienste im Bereich des Rechts sind ja allbekannt,
und eine chronologische Laudation sei daher
aus meinem Gedicht verbannt;
vielmehr zuwenden will ich mich aber nun
deinem künstlerischen Tun:
Nicht nur Konsument, sondern Analytiker der Opernkunst,
belohnst du nicht jeden Künstler mit deiner Gunst,
sondern beurteilst Stimmen prägnant und objektiv
von der vokalen Qualität von Hoch bis Tief.
Warst du ja selbst einmal auf Theaterfüßen
und auf dem Weg, die Bühne zu begrüßen.
Auch wenn du anders dich entschiedest
und die aktive Bühnenlaufbahn letztlich miedest,
um dich einer bravurösen Rechtslaufbahn zuzuwenden,
wollte die künstlerische Komponente in dir nicht enden.
Diese hast du weiterhin sehr aufmerksam gepflegt,
und dein künstlerisches Talent stets sorgfältig gehegt,
das dir einst war in die Wiege gelegt.
So bist du heute auch im Bühnenfach fundiert und kompetent
und beurteilst punktgenau ein künstlerisches Talent.
Daneben prägst du freilich mit unverminderter Energie
sozusagen auch weiterhin die „juristische Dramaturgie“,
indem dein literarisches Hauptwerk nach
wie vor stetig voranschreitet
und Mayerhofers StGB und StPO die
strafrechtliche Judikatur verbreitet

und für die juristische Leserschaft systematisch aufbereitet.
Das umfassendste Werk im strafrechtlichen Bereich
aus deiner Feder
kennt heute in der Fachwelt wohl ein jeder.
Dass ich meinerseits mitwirken darf, auf dass sich dein
Schaffen vermehre,
erfüllt mich mit steter Freude und hoher Ehre.
So sollen deine Werke auch künftig fortbestehen
und tonangebend sein,
damit sich die fachkundigen Leser daran erfreun.
Manch neue Strömung rief dabei deine Skepsis wach
und du gabst den dogmatischen Aberrationen nicht nach,
sondern legtest den Finger auf die argumentative Wunde,
und davon gab dein neuerlicher Vortrag trefflich Kunde.
Demnächst findet dies übrigens auch
in der Österreichischen Juristen-Zeitung
angemessene Darstellung und Verbreitung.
Man sieht also: auf jeder Ebene hochaktiv
ist der heutige Jubilar,
und das selbst im siebzigsten Lebensjahr!
So soll es auch noch lange unverändert weitergehen,
und deine Schaffenskraft und Vitalität mögen
noch viele Jahre fortbestehen!

DER GUTE ALTE RINGELNATZ,
DER WEISS,
ES IST DOCH ALLES FUER DIE KATZ'!

BLEISTIFT UND PAPIER
VERWUESTEN SEIN REVIER!
ER IGNORIERT SEIN ALTES WEIB:
DIE JAMMERT,
WEINT UND SCHREIT!!!

MAN SAGT
ER IST EIN BISSCHEN IRRE!
VERLIERT GEBISS UND BRILLE!
SEIN SCHLAF IST WEG, ACH, ACH!
IHM HILFT NICHT MAL DIE PILLE!
ER MEINT,
ER IST ZU JUNG, UM ALT ZU SEIN,
FÜHLT UND DENKT NUR NOCH IN REIM!
EIN LEERES WEISSES BLATT PAPIER
ERSCHRECKT IHN NICHT!
ES REGT IHN AN!!!!
DAS IST DOCH W A H N!

SO,
LIEBE MENSCHEN,
SEID BEREIT!
FUER DIESEN DICHTER
IN ST. VEIT!

Nachruf auf meine Dichterlesung vom 07. 10. 2020

Sehr geehrter Herr Professor Dr. Mayerhofer!

Mit Freude und beeindruckenden Erinnerungen an Ihre hochprofessionelle Darbietungskunst Ihres facettenreichen Oeuvres möchte ich mich – etwas verspätet – sehr, sehr herzlich bedanken. Was für ein fulminantes Erlebnis Sie uns gestern bereitet haben!

Ihre Dicht- und Sprachkunst hätte niemand so lebendig, anschaulich und nachvollziehbar präsentieren können als Sie selbst. Wie sehr ich Sie bewunder(t)e und mich – wie alle Anwesenden – sofort im Bann Ihrer reichen Gedanken- und Gefühlswelt befand, mag auch erklären, weshalb ich nicht so recht auf die vorher besprochenen „Vorlese-Einschübe" reagierte, wofür ich mich entschuldigen möchte.

Entschuldigen muss ich mich natürlich auch für meine stümperhafte Moderation und vor allem für das nicht ganz geglückte – wie von mir und von Ihnen erhoffte – „Begrüßungszeremoniell". Bitte um Nachsicht! Allerdings bin ich mir sicher, dass im Gedächtnis der Gäste des gestrigen Mittwochgesprächs Ihr „Auftritt" als Highlight bleibt – und sämtliche „Nebengeräusche" sofort für immer vergessen sind.

Mit den allerherzlichsten Grüßen und besten Wünschen für Gesundheit und alle nötigen Voraussetzungen für fortgesetztes spannendes wie thematisch unumschränktes poetisches Schaffen verbleibe ich ergebenst
Ihre

Mag. Annemarie Weinzettl

Christoph Mayerhofer als Wissenschaftler und Schriftsteller

1. Sein Hauptwerk

Das Hauptwerk meines juristischen Wirkens über einen Zeitraum von 50 Jahren ist die Herausgabe der schriftlichen Rechtsquellen zum Strafrecht und der gerichtlichen Erkenntnisse dazu, vorerst in der Österreichischen Staatsdruckerei und dann im Verlag Österreich von 1963 bis 2016.

Unter dem Buchtitel „Das Österreichische Strafrecht“ sind in insgesamt neun Bänden die Gesetzestexte des StG, der StPO und sämtlicher strafrechtlich relevanter Nebengesetze samt den gerichtlichen Entscheidungen dazu, ferner die Texte sämtlicher Verordnungen und Erlässe komplett gesammelt und kommentiert. An diesem aufwendigen Werk, das in sechs Auflagen erschienen ist, waren mehrfach wechselnde Mitherausgeber beteiligt, und das waren in der Reihenfolge ihres Auftretens mein erster Sektionsleiter im BmfJ, sodann Generalanwalt und Höchstrichter, Dr. Franz Pallin, der spätere Vizebürgermeister von Wien, Dr. Sepp Rieder, der in Wien tätige Rechtsanwalt Dr. Adrian Hollaender und zuletzt der noch aktive Erste Oberstaatsanwalt in Wien, Dr. Harald Salzmann. Das Werk ist aus einer von Gebert, Pallin und Pfeiffer redigierten Ausgabe entstanden, die nach dem Ausscheiden von Gebert und Pfeiffer von Dr. Pallin mit mir als 23-jährigem Bezirksrichter in seinem lückenhaften Entscheidungsteil vervollständigt werden sollte. Die Lose-Blatt-Ausgabe wird immer wieder ergänzt und fand daher kein Ende. Mit dem Ausscheiden von Dr. Pallin übernahm ich allein die weitere Herausgabe und erweiterte sie auf die fehlenden Gebiete. Die Losen Blätter haben sich nicht bewährt. Die gebundenen Bücher wurden anfangs vom Staat an alle mit Strafsachen befassten Richter und Staatsanwälte verteilt. Mit dem Sparstifte wurde nur ein Buch pro Gericht angekauft und der Computer hat das Werk völlig verdrängt. Ohne den raschen Computer wäre eine juristische Arbeit heute nicht mehr vorstellbar. Das umfängliche Gesamtwerk ist heute vorwiegend nur für historische Fragen nutzbar, dafür jedenfalls kompetent.

Die Sammlerleidenschaft habe ich von meinem Urgroßonkel Dr. Franz Mayerhofer geerbt. Seine Sammlung der Gesetzestexte aus der gesamten Monarchie ist mit einem unvergleichbar größeren Stab an Mitarbeitern so groß wie der Brockhaus geworden. Für mich war neben der Sammlung der juristische Kommentar Anreiz und Herausforderung.

2. Seine vielseitigen Interessen

1957
Das elektrische Bügeleisen als Brandursache. Mitteilungen der Vereinigung kantonal-schweizerischer Feuerversicherungsanstalten 1957 Nr. 1, Seite 21

1958
Die Strafrechtsreform, actio catholica 1958 Nr. 9/10, Seite 1

1959
Ein Glaube – eine Taufe, Blätter 1959 XIV/1, Seite 10

1960
Der Mord im Entwurf zu einem neuen Strafgesetz, Blätter 1960 XIV/5–6, Seite 8

1961
Strafgesetzreform in christlicher Sicht, Der Staatsbürger, Beilage zu den Salzburger Nachrichten 1961, 2. Folge, Seite 1
Der Kraftfahrzeugdiebstahl und verwandte Delikte, Springer Verlag

1966
Strafrecht und Strafjustiz, in: Jugend im Spannungsfeld gesellschaftlicher Kräfte, Berichte von einem ökumenisch-europäischen Seminar in St. Pölten 1966, Seite 8
Sex-Show im Kino, Österreichische Juristenzeitung (ÖJZ) 1966, 90

1967
Vorverfahren und Untersuchungshaft, ÖJZ 1967, 485

1968

Die Voruntersuchung als Voraussetzung für die Untersuchungshaft, ÖJZ 1968, 383

Die Raubkriminalität in Österreich, Richterzeitung (RZ) 1968, 81

Die Beschlagnahme von Postsendungen, ÖJZ 1968, 235

1969

Die Beurteilung der Persönlichkeit des Rechtsbrechers durch den Strafjuristen, RZ 1969, 196 und 1970, 6

1970

Strafrechtsreform: freie Bahn dem Sex? Die Presse vom 11./12. April 1970, Seite 5

Ethik und Strafrecht, Der Volksbote 1970 Nr. 45, Seite 4

Humanes Strafrecht, Der nächste Schritt 1970 XVII Heft 2, Seite 1

Zur Problematik der strafrechtlichen Repression bei Verkehrsunfällen, Zeitschrift für Verkehrsrecht (ZVR) 1970, 29

Die öffentliche Sittlichkeit und das Recht. Ein Situationsbericht von einer Tagung der Katholischen Aktion Österreichs und der Evangelischen Akademie Wiens, veröffentlicht in Band 3 der Reihe „Die geistige Umwelt der Jugend“, Verlag der Wiener Medizinischen Akademie

1971

Paragraph 144, actio catholica 1971 Nr. 4, Seite 1

1972

Die österreichische Strafrechtsreform. Ihr rechtstheoretischer und gesellschaftlicher Standort,
veröffentlicht in einem Bericht von einer Tagung der Wiener Katholischen Akademie im September 1972, Seite 55

1973

Die Grenzen strafloser Verteidigung gegen die staatliche Strafverfolgung, ÖJZ 1973, 375

1975
Die Amtsanmaßung nach §314 StGB, Notariatszeitung 1975, 49

1976
Was Pornographie ist, Präsent 1976/48, 2
Die Verbrechensopfer schauen durch die Finger, Die Furche 1976/52–53, Seite 65
Die mit Freiheitentziehung verbundenen Maßnahmen des Strafgesetzbuches, RZ Sondernummer, 51

1977
Der Gebrauch der Schusswaffe durch Sicherheitsorgane, ÖJZ 1977, 449

1979
Die Brandstiftung in Österreich, Kriminalistik 1979, 452
Die Raubkriminalität in Österreich, ÖJZ 1979, 231. Siehe auch RT 1968

1980
Mord und Totschlag in Österreich, ÖJZ 1980, 290

1981
Stichwort: „Strafrecht" im Katholischen Soziallexikon, Verlag Tyrolia-Styria 1981

1983
Strafrecht im Spannungsfeld zwischen Gesetz und Gerechtigkeit in: Porstner, Strafrecht – Vergeltung oder Versöhnung, Geyer Edition Wien–Salzburg 1983, 13

Das zweite Antikorruptionsgesetz, Beitrag zur Sondertagung des Österreichischen Juristentags (ÖJT) 1983, 17. Siehe auch ÖJZ 1986, 489 und 1989, 238

1984
Die Freiheit der Kunst vor strafrechtlichen Eingriffen, ÖJZ 1984, 197, 1987, 577

1985
Lebenslang, jedoch kein Leben lang, Die Furche 1985/16, Seite 614
Kapitulation des Rechtsstaates? actio catholica 1985, Nr. 1
Politische Aspekte der Wirtschaftskriminalität anhand einiger Beispiele in Österreich, in: Haesler,
Politische Kriminalität und Wirtschaftskriminalität, Rüegger Verlag, Schweiz 1985, 69

1986
Die Krise der Sicherungsverwahrung, ÖJZ 1986, 489
Zum Über-Zeugen, Die Furche 1986/37, Seite 5
Tötungshandlungen in der Selbstmordsituation, Verlag Rüegger, Schweiz 1986, 267

1987
Die Freiheit der Kunst und die Schranken des Strafrechts, ÖJZ 1987, 577.
Ab wann beginnt ein Kind ein Kind zu sein? Die Furche 1987/32, Seite 5

1989
Zur Effizienz des Strafrechts, Göppinger Festschrift 1989, 333
Keine Mitschuld des Gläubigers an der Krida des Schuldners – ein Beitrag zur Beihilfe am Sonderdelikt, ÖJZ, 238

Christoph Mayerhofer als Poet

1. Gedankensplitter in Form von Stilblüten

Herbst

Lass leuchten, Herbst, lass leuchten in dunkelgelbem Rot
dein überquellend Mieder von Früchten und von Brot!
Was hast du in den Backen
für Stürme, wenn es bläst,
welch raue, eisige Zacken
sind Spuren, wo du gehst?
In meinen grellen Sinnen lodert der Herbst mit Pracht,
der Lüste reiche Ernte bist du bei Tag und Nacht.
Voll sind all meine Scheunen, es dampft der Liebe Glut.
Die finstre Zeit der Bange hat einen frostig Hut.
Es wird jetzt alles finster, du bleibst mein einzig Licht.
Ich will es sorgsam hüten, es darf verlöschen nicht.

Allerseelen

Es flackert im trüben Dämmerschein
aus einer Gruft ein Kerzelein.
Das modrige Laub
riecht nach Verwesen.
Die Stille sagt: die sind gewesen,
die Menschen hier
in feuchter Ruh.
Und bald schon
g'hörst auch du dazu.

Es dämmerte in dunklem Matt
ein weißes, leeres Notenblatt.
Einstmals war es eingebunden,
um ein Kunstwerk abzurunden.
Schön hat es sich nur selbst empfunden.
Noten wurden ihm nicht anvertraut.
Zwischen lauter Notenblättern hat es nur herausgeschaut.

2. Über die hingebungsvolle Liebe, die zum Himmel auf Erden führt

Ach Du!

Die Freiheit dieser Liebe, die hat mich durchgeglüht.
Ich konnt sie nicht beschreiben, hab ich mich auch bemüht.
Erfasst hat sie mein Denken, mein Wollen, meinen Sinn.
Ein Hauch sich um mich drehte und zog mich zu ihr hin,
zu ihr, der Hochgeliebten, zu ihr, dem zweiten Ich,
für mich gab es nur diese, und selten auch mal mich.
Ich kann's bis heut nicht fassen, was da mit mir gescheh'n,
ich muss die Welt um mich nunmehr mit andern Augen seh'n.
Was heimlich ich ersehnte, zu wünschen kaum gewagt,
sie hat sich mir eröffnet, kein Wunsch ward mir versagt.
Ich brauchte nicht erst bitten und bangend Fragen richten,
sie las aus meinen Blicken und wusste stets zu schlichten,
was in mir war an Spannung, an Hemmung und an Scheu,
sie glättete die Falten, das war mir völlig neu.
Die Welt hat mich getäuscht, so muss ich jetzt bekennen.
Wohl glaubt ich an die Liebe, den fest geschloss'nen Bund.
Doch wie sollt' ich es nennen,
was ich in Dir jetzt fand.
Nicht alles, was ich glaubte, hält neuem Wissen stand.
Weil du erkannt mein Wesen, geb freudig ich mich hin,
mein Denken, Fühlen, Wollen hat wieder einen Sinn.

Hab ich mich mal recht durchtrieben
bis zur Erschöpfung hingegeben,
wächst aus den Wurzeln tiefster Liebe
ein überaus beglücktes Leben.

Tragen mich überquellende Lüste
aus dem Bewusstsein mit sich fort,
bist Du die so ersehnte Küste,
der stets erhoffte sichre Ort.

Was können mir die Verheißungen
dieser Welt noch Schönres geben
als die Durchdringung meiner Seele
mit Deinem heiß geliebten Leben …

Enttäuschung

Ich knete Dich wie warmen Teig,
heut bin ich ganz für Dich bereit!
Sei es, dass Du verliebte Augen machst
oder gar gekitzelt lachst.
Sei es, dass Dein Atem Deine Brust bewegt
oder sich gar ein Stöhnen regt.
Immer probier ich mit viel Mut
alles, was Deinem Leib guttut.
Dein Blick wirkt so lieb verklärt,
kein Übermut ist mir verwehrt,
verlangend geb ich mich Dir hin …
Doch ich bin allein in Wien.

Der Genuss des Erwachens

Ich suhle mich im Wonneregen
der Hoffnung auf die Liebe wegen.
Frisches Leben strömt durch die Glieder,
ich habe meine Kräfte wieder.
Ein neuer Tag bricht mit mir an,
den ich für mich genießen kann.
Nach dem Bade ganz entspannt
hab ich die Sorgen weggebannt.
Die Bäume schüttelt's ganz verwegen
Im eisigen Novemberregen.
Ich aber liege warm zu Haus.

Und schlunze noch ein wenig aus.
Ich kuschle mit dem Teddy-Bär
Als ob er die Geliebte wär.
Verscheuch das dunkle Bärenfell
Mit Deiner warmen Liebesquell.
Du, die mich brünstig schmachten lässt,
auf Dich vertrau ich felsenfest.
Doch ohne Dich ist mir so bang
Und die Zeit dehnt sich so lang.
Da hülle ich mich wieder ein
Und schlafe in den Tag hinein.

3. Über die Hingabe an die Triebe ohne Liebe, die zur Hölle auf Erden führt

Im Atelier der Domina

Meine Gedichte lassen die Atmosphäre des Geschehens in diesen Räumen nachempfinden. Einmal geht's um die prickelnde Fäulnis der Unterwerfung. Ferner fühlst du die Attraktion irrlichternder Phantasien in ihrer irritierenden Vielfalt. Haltlos schweben deine Wünsche zwischen bangender Erwartung und zwiespältiger Angst. Grelle Lust funkelt aus den Tiefen menschlicher Unzulänglichkeit. Der Gefesselte zerreißt seine Bande, um frei für den Absturz zu sein. Dazu kommt der dröhnende Lärm entfesselter Triebe, der dich einschüchtern soll. In diesen seelischen Tiefen quillt der flackernde Schrei aus dem verklebten Mund. Im Kontrapunkt flöten Sirenen ungeahnte Seligkeit im Takt. Obgleich zu voller Freiheit geboren, fehlt dir zur Entscheidung die Kraft und du fühlst dich hilflos verloren. Und so kommt es, wie es kommen muss: Auf jedes Hochgefühl folgt ein Verdruss, und das unentwegt bis zum Schluss.

4. Gelegenheitsgedichte

Zu Melittas Hochzeit

Ich tue kund die frohe Märe –
und drücke weg im Aug die Zähre –:
Ein junges Paar hat sich gefunden
und sich vor Gott und Welt verbunden.
Die Liebe, die man fühlt, die wahre,
ist ein Verschmelzen bis zur Bahre.
Sie will bekennen und versprechen,
dass nichts kann diesen Bund zerbrechen.
Er währt bis in die Ewigkeit
und überdauert Raum und Zeit.
Die Liebe, die man fühlt, die echte,
schließt diesen Bund auch nach dem Rechte,
damit wird's allen kundgetan:
ab heute sind wir Frau und Mann!
Es ist ganz gut in diesen Zeiten,
den Wert des Rechtes zu verbreiten.
Und nun gestattet mir als Vater
zu preisen, welchen Sohn jetzt hat er:
Es stund ein Storch auf einem Bein
und dacht', es sollt' ein „Wolfgang" sein!
Wo kann ich diesen denn nur finden
und in mein großes Bündel binden?
So fischte er im großen Teich,
wir nennen es das Himmelreich.
Und bald hat er den Schatz gefunden,
die Herta hat den Knab' entbunden
und merkte nicht, dass statt am Nabel
der Wolfgang hing am Storchenschnabel.

Und nun begann auf dieser Erde
des Wolfgang Freud und die Beschwerde
mit all den Plagen dieser Welt,
bis plötzlich sich mein Blick erhellt:
Ein Mädchen süß in bunt Pepita
hört auf den Namen „oh Melitta“,
mit blondem Haar und holden Wangen …
Na ja, so hat's halt angefangen.
Mit Geist und Charme hat sie's verstanden,
zu stricken an den Liebesbanden.
Mit frohem Mut und gradem Sinn
trat sie vor ihren Wolfgang hin,
und außerdem lernt sie in Kürze
zu kochen mit der besten Würze.
Und dann kam auch noch die Sponsion –
Ich glaube, das genügt jetzt schon.
Mir fällt noch viel mehr dazu ein,
ist sie doch ganz die Tochter mein.
Der Mutter Herta Herz zerbricht,
der Sohn ist weg – ich sag es schlicht.
Ich möcht' die G'schicht nicht mehr zerleiern
und heb das Glas, mit Euch zu feiern:
Wir trinken auf das junge Paar,
damit die Träume werden wahr!
Lasst uns mit Euch heut' voll Entzücken
verschämt ein Tränlein auch verdrücken.

Falls in die Schmalztöpf' heute ich gehupft,
verzeiht!
Der Dichter sich verzupft …

Der Dichter in Krumbach

Ich sitz' da hint' am Bankerl
und träum vom nächsten Schmankerl …
Es ist der Most vom Ungersböck,
nach dem ich meine Lippen leck',
dann den guten geselchten Speck,
den frisst sogar die Katz' mir weg.
Dass nicht zu schwer der Magen,
kann ich den Brennt'n wagen,
der gut gemischt aus Apfel/Birn
vernebelt mir sehr rasch das Hirn.
Nun muss ich etwas rasten
und so zwei Stund lang fasten.
Doch denk ich schon ganz konzentriert,
was mir zu Mittag wird serviert.
In Tiefenbachens Becken
tun nur die Fischlein necken,
die mit Zitron' und Butter
sind unser nächstes Futter.
Bis ich a runde Nudel,
geht noch hinein ein Strudel.
Nun muss ich etwas fasten,
und so zwei Stund lang rasten.
Jetzt kommt die Zeit der Jausn.
Da möcht' ich mager schmausen.
Der Tee mit einer Schneck mit Zimt
den ärgsten Hunger rasch mir nimmt,
a Schaumroll'n noch zum Drüberstreun –
dann lass ich's diesmal wirklich sein.

Nun muss ich etwas fasten
und so zwei Stund lang rasten.
Ein Problem wird's erst am Abend:
Nicht alles fett, und dennoch labend,
muss das Gericht sein, und nicht schwer,
sonst schieb den Schlummer ich vor mir her.
Was könnt' denn das wirklich sein?
Ich glaub, es wär ein Schinkenbein!
Mit einem kühlen Schilcher weiß
ich mich beim Fernseh'n glücklich preis.
Da muss ich heute auch noch duschen,
bevor ich darf ins Betterl huschen.
Bis dass die Gerti finster macht,
ist längst vorbei schon Mitternacht.
Doch jetzt beginnt die Geisterstund',
in der mir wässert sehr der Mund,
denn mit zu krachend leerem Magen
kann sich kaum gsunder Schlaf vertragen.
Also schleich ich über Stiegen,
um was Essbares zu kriegen.
In der Küche angekommen,
werden in Beschlag genommen
alle Reste, alle Sackerln,
alle Hüllen, alle Packerln,
und mit Hochgenuss
mach mit alledem ich Schluss.
Unter Knacksen, unter Knistern
tu ich mit den Katzen flüstern
und verdrück' mich in mein Lager,
wo ich träum, ich werd' bald mager,
und daher die Schlafgedanken
sich ums nächste Essen ranken.

Aus Anlass der Erhebung in den Professorenstand:

Mit Titeln und mit Ehrenzeichen
lässt sich Beamten-Glück erreichen,
doch ist's die höchste Wonn' den Ohren
zählt man Dich zu den Professoren.

Jetzt bist Du erst so richtig weise
allein und im Kollegenkreise
und kannst mit stolzen Geistes-Schritten
Dir jederzeit Gehör erbitten.

So hört denn jetzt auf meinen Sang
und lasst Euch bitten nicht erst lang:
Herr Gehringer mit seinen Künsten
zaubert aus bloßen Küchendünsten
für Euch am Mittwoch hier im Hause
die allerfeinste Festtags-Jause.

Zeit: 17. 8. 1998 zwischen 16.15 Uhr und 19.30 Uhr

Ort: unsere Küche

Um Antwort bittet die unentwegte Klappe 2609

Euer Professor Christoph MAYERHOFER

Zu Gertis Geburtstag im Jahr 2008,
vorgetragen bei der Familienjause
am 11. 4. bei Melitta, erstmals in der neuen Wohnung.

Knapp nach schönen Ostertagen
müssen wir nun wieder fragen:
Wen hamma jetzt da im Visier,
so wie wir da sitzen hier?
Ach, es ist die Große-Mutter,
die der Anlass für das Futter,
das wir stopfen in den Magen,
den wir streicheln mit Behagen.
Große Mutter, sei gegrüßt –
rundherum von uns geküsst!
Denn was fing der Ehemann
ohne unsre Gerti an?
Kochen, nähen, backen, braten
und zu allen Fragen raten,
putzen, bügeln, scheuern, waschen,
Löcher stopfen in den Taschen,
Abfall sammeln, Garten hegen,
geduldig bleiben bei langem Regen,
Unkraut tut im Garten sprießen
und die Blumen muss man gießen.
Wühlmäuse und Nacktschnecken
zählen zu den großen Schrecken,
und vom Dach fällt mal ein Ziegel
und im Klo, da klemmt der Riegel.
Socken stopfen sonder Zahl
1000 Füß hat der Gemahl!
Aber auch im Geistes-Ringen
kann man staunend sie besingen.
Auf den Punkt tut sie stets bringen
die Probleme unsrer Zeit,
denn die Leut sind selten gscheit.
Stets, wenn nötig, putzt sie froh
ihren Kleinen den Popo!

Im Mittelpunkt des Tages-Geschehen
muss immer noch die Schule stehen.
Wir hörn die Klagen aus Lehrersmund,
die Kinder tun mit Unmut kund:
wie das System der Schule heute
nicht mehr erfreut die jungen Leute.
Die jetzt hört sich alles an
und spendet Trost, so gut sie kann.

So besehen muss man fragen,
wie kann sie alles das ertragen.
Woher nimmt sie denn die Kraft,
dass sie's mit uns allen schafft?
Sie nimmt die Kraft aus Euren Blicken,
die uns Alte so entzücken!
Sie sind voller Lebensmut,
sie sind so warm, so herzlich gut,
so voller Lust und voller Freud'
sie bejubeln das Dasein heut'!
Aus unsren Kehlen lasst es heut klingen:
wir woll'n die Großmutter besingen,
wir woll'n erneut das Herz ihr schenken –
dazu bei jedem Wunsch nachdenken
3 x so viel!
Ich bin schon still.

50. Geburtstag im Schreiberhaus in Neustift am Walde …

Das Glück is a Vogerl
und scheu wie a Reh.
Soll ich dir's wünschen?
Aber du hast es eh!

Das Geld ist wie a Wasserl,
es zerrinnt dir im Nu.
Soll ich dir's wünschen?
Na, sag mir wozu!

Der Frieden im Herzen
spart dir viel Energie.
Soll ich ihn dir wünschen?
Gell, fad is dir (eh) nie!

Willst Großmutter bald werden
mit so an herzigen Gschropp?
Na dann pick dir den Mund zu,
sonst geht der Friedn bergab.

Willst flirten und tanzen
wie früher im Mai?
Dann sind deine Chancen
noch lang nicht vorbei.

Willst an Goldesel melken,
der störrisch und keck,
da brauchst viel Geduld,
sonst rennt er dir weg.

Soll dein Haar prächtig glänzen
wie die Sonne im Firn,
dann zählst zu den Blonden,
eiskalt und ka Hirn.

Die G' sundheit ist wichtig,
sonst hat's Leben kan Saft.
Alles will ich dir wünschen,
dass a Zeitl du's noch damachst.

Ein Zipfel der Ewigkeit
reicht in unsere erfahrbare Welt.

Ja, es gibt eine solche Erfahrung in unserem Leben,
nämlich dass ein Zipfel der Ewigkeit in
unsere erfahrbare Welt reicht
und wir danach langen können und
etwas Wunderbares zu spüren kriegen.
Die Theologen bestätigen dies.
Das Reich Gottes beginnt schon in dieser Welt.
Gott ist zuweilen mitten unter uns,
am ehesten, wenn wir in Seinem Namen versammelt sind.
So ein besonderer Tag, an dem wir zur Freude Seiner
Menschwerdung
versammelt sind, ist der Weihnachtsabend.
An diesem ersten Weihnachtsabend ließ Er sich gleichsam
über diesen Zipfel der Ewigkeit hinabgleiten in unsere Welt
und wurde einer der Unseren.
Die Freude darüber lässt uns heute
noch nach diesem Zipfel greifen
und in das mächtige Halleluja der Engelschöre einstimmen.
Und was sich für uns auftut, ist die himmlische Freude,
dass Er uns liebt.
Lasst uns heute das Unfassbare erahnen
und uns in innigster Freude an diesen Zipfel
der Ewigkeit schmiegen.

Weihnacht 2003

Christoph Mayerhofer als alter Mann in seinen Lebensweisheiten

Das Sieb des Lebens

Wir sitzen in einem rasenden Zug,
was wir zu sehen glauben, verschwindet im Flug.
Es zählen nicht die Stunden, nicht Tage, kaum Jahre.
Wo bleibt da das Leben, das echte, das wahre?
Gott selbst spricht von einer kleinen Weile,
für ihn hat die Zeit überhaupt keine Eile.
Er sitzt auf dem Thron der Ewigkeit,
Zeit ist da einfach wie Länge mal breit.
Und doch, es geschieht in der Zeit.
Was gestern gewesen, bleibt Vergangenes heut.
An dem Biss von gestern drohte der Mensch zu verbluten.
Heut ist der Ausgang schon sicher/gewiss,
die Zeit heilt die Wunden, die Zeit heilt den Biss.
Wird einstens dein Leben zusammengeschüttelt
und sorgsam durch das Sieb der Zeit gerüttelt,
und ist die Zeit abgetropft aus dem Sieb,
so ist die Essenz, die übrig dann blieb,
DEIN LEBEN, das echte, das wahre,
vom Anfang des Atems bis schließlich zur Bahre.
Das Endprodukt, das ist dein Leben,
das wird es auch ohne Zeit immer geben.
Drum achte, dass deine Zeit dir nicht sinnlos verstreicht,
damit dein Leben im Sieb Gottes Gnade erreicht.

Lebensziel

Das Leben hält für dich bereit
vieles, was nützlich, manches, was g'scheit.
Nimm dir Zeit, das zu erkennen,
hör doch auf, im Kreis zu rennen!
Vergönne dir mal auch die Ruh
und schau einmal dem Leben zu,
wie es ganz ohne deine Kraft
so viele Wonnen dir verschafft.
Die Welt um dich wirst du entzücken
und manches Herz wirst du beglücken.
Ist einmal das dein Ziel des Lebens,
hast du bemüht dich nicht vergebens.

Es drückt auf mich die Last der Dinge,
die ich nicht mehr zusammenbringe.
Zu voll sind Fächer, Laden, Kästen
mit all den Erlebnisresten,
die man zuerst verstaute
und sich nicht wegzuwerfen traute.
Da liegt der Glanz von schönen Tagen,
hier in der Truh' und mir im Magen.
Ich müsste von mir selbst mich trennen,
um all die Zeugen zu verbrennen,
die Zeugen schöner Lebensstunden
und mancher nicht verheilter Wunden.
Soll ich das noch einmal erleben
oder doch gleich den Erben geben?
So drückt auf mich die Last der Dinge,
die ich nicht mehr zusammenbringe.

Schlusswort

Das Vorwort zu meinen vier aufeinanderfolgenden Büchern findet sich im ersten Band, „Ja, da freut sich mein Gemüt". Ich meine die Gedichte über die begrifflich verfehlte und falsch bewertete „Fleischeslust" auf Seite 9 und über die Fruchtbarkeit der Frau auf Seite 13. Das folgende zweite Buch, „Liebe – Triebe – Peitschenhiebe", und ebenso das dritte, „Der süße Duft ersehnter Lust in feuchter Nacht", beinhalten beide eine ausführliche Beschreibung der Wirklichkeit sowie deren Bewertung und eine Richtungsweisung zum Gebrauch der göttlichen Gabe der Wollust. In dem vorliegenden Band stelle ich mich Ihnen umfassend vor als dieser kecke Tor, der sich erkühnt, die katholische Lehre in ihrer langen Tradition als unlebbar abzustempeln.

Das hier ist nun mein geistiges Testament. Ich musste über 80 Lebensjahre heranreifen, um Erlebtes endlich tatsächlich zu begreifen. Ich hoffe, Sie können meinem Anliegen etwas abgewinnen. Die Zeit wär jetzt reif!

Der Autor

Christoph Mayerhofer wurde 1935 in Wien geboren. Nach Abbruch seiner Ausbildung am Reinhardt Seminar konzentrierte er sich ausschließlich auf sein Jusstudium. Er kletterte die Karriereleiter empor und war als Generalanwalt der Chefjurist aller österreichischen Staatsanwälte. 50 Jahre lang gab er Sammelbände zum österreichischen Strafrecht heraus, die bis 2016 im Verlag der Österreichischen Staatsdruckerei, danach im Verlag Österreich erschienen sind.